Ernst Troeltsch

Vernunft und Offenbarung bei Johann Gerhard und

Melanchthon

Ernst Troeltsch

Vernunft und Offenbarung bei Johann Gerhard und Melanchthon

ISBN/EAN: 9783744619714

Hergestellt in Europa, USA, Kanada, Australien, Japan

Cover: Foto ©ninafisch / pixelio.de

Weitere Bücher finden Sie auf **www.hansebooks.com**

Vernunft und Offenbarung

bei

ohann Gerhard und Melanchthon.

Inaugural-Dissertation

zur

Erlangung der Licentiatenwürde

mit Genehmigung

Einer Hochwürdigen Theologischen Fakultät

der Georgia Augusta

herausgegeben von

Ernst Troeltsch.

Göttingen,

Druck der Univ.-Buchdruckerei von E. A. Huth.

1891.

Die vollständige Arbeit erscheint gleichzeitig im Verlag von Vandenhoeck & Ruprecht in Göttingen.

In der Vorrede zum ersten Bande seiner Geschichte der protestantischen Dogmatik[1]) hat es Gass als besonders notwendig bezeichnet, „die enge Verbindung des mit ausgezeichneter Stetigkeit gebildeten und dennoch den allgemeinen Wendungen der Geschichte nachgebenden orthodoxen Glaubenssystems mit der religiösen und wissenschaftlichen Bildung des Zeitalters so deutlich als möglich zur Anschauung zu bringen". „Die alte Theologie war", so begründet er dieses Urteil speciell in der zweiten Hinsicht, „bei aller äusseren Herrschaft nicht so unabhängig, wie sie sein wollte, noch wie sie erscheint, wenn ihre Gestalt lediglich aus ihr selbst und ihrer kirchlichen Natur und Richtung hergeleitet wird. Vielmehr suchte auch sie ein Gepräge rationaler Haltbarkeit, welches sie ... dem herrschenden Gesetz der Wissenschaft unterwarf." Das ist jedenfalls sehr viel richtiger als die Ansicht Tholucks, der „bei den äusserst sporadischen Beispielen eines Einflusses der Philosophie auf die Theologie" von der ersteren in seiner Darstellung des akademischen Lebens fast ganz absehen zur dürfen glaubt[2]).

Freilich handelte es sich für die orthodoxe Theologie nicht um die direkte Verwendung philosophischer Konstruktionen, aber eine das Ganze stützende und zugleich beherrschende Fixirung des Verhältnisses der allgemeinen Bildung und der Offenbarungslehre war für sie nicht weniger als für jede andere Dogmatik der eigentliche Lebensnerv und die Grundlage ihres „wissenschaftlichen" Charakters. Sie entsprang nicht dem reinen Erkenntnistrieb und nicht dem Ideal der blossen Fixirung des Glaubensinhaltes oder des kirchlichen Bewusstseins — das sind moderne Auffassungen vom Wesen der Dogmatik, auf welche man sich erst wegen der unüberwindlichen Schwierigkeiten der eigentlichen Aufgabe zurückgezogen hat —, sondern sie entsprang, wie alle Dogmatik und das Dogma selbst, dem apologetischen Bedürfnis einer Auseinandersetzung zwischen

---

[1]) Berlin 1854 I, p. VI ff.
[2]) A. Tholuck, Das akademische Leben des XVII. Jahrhunderts. Halle 1853 II 3.

1

den positiven Religionsvorstellungen und dem übrigen Wissen eines Culturvolkes [1]). Sie folgt damit nur der ganz natürlichen und selbstverständlichen Problemstellung, wie dies beim Beginn der Entwickelung einer neuen Religionsgemeinschaft ja auch am nächsten liegt. Denn die Bedeutung der Dogmatik liegt nicht in der Förderung der allgemeinen Erkenntnis und der Wissenschaft, sie pflegt sich vielmehr an eine bereits fertige Bildung und an bereits möglichst anerkannte Philosopheme anzuschliessen und will nur ihrem, niemals von aller Sprödigkeit zu befreienden, Eigengut eine gesicherte Stellung in oder neben ihnen sichern, wobei sie dieselben durch Adaptirung für ihre Zwecke noch obendrein meist ihrem ursprünglichen Sinn entfremdet. Ihre Bedeutung liegt auch nicht in der Belebung und Vertiefung der Religion selbst, in der Erfassung des eigentlichsten Inhaltes derselben; dazu sind nur hervorragende religiöse Ingenien im Stande, während die Dogmatik die lebendige Phantasie der religiösen Vorstellung unvermeidlich mit allerlei fremden Stoffen belastet und deren Energie durch künstliche Auseinandersetzungen mit den konkurrirenden Grenzgebieten lähmt. Daher hat der Historiker, der die Entwickelung der christlichen Dogmatik in ihrer wesentlichsten Eigentümlichkeit verstehen will, nicht sowohl auf die philosophischen Elemente und die tradirten Vorstellungsstoffe als solche zu achten, sondern auf die Fugen und Nähte zwischen beiden, auf die komplizirten Versuche beide zu vereinigen oder gegen einander sicher zu stellen, auf die gequälten Bemühungen um „Glauben und Wissen", eine Forschung, die freilich nicht den Genuss erhabener Grossthaten, aber den Einblick in eine der mühevollsten Arbeiten des menschlichen Geistes gewährt. In dieser Arbeit liegt die wahre Bedeutung der Dogmatik, eine

---

[1]) Dies ist auch der Grundgedanke, von dem Ad. Harnacks grosses Werk über das Dogma ausgeht, den er aber selbst nicht zu billigen scheint. Vgl. bes. Band II 48 ff. — Die erwähnten modernen Auffassungen können übrigens doch auch ihren Zusammenhang mit der apologetischen Wurzel aller Dogmatik nicht verleugnen, die erste, indem sie bei ihrer Sublimirung des Christentums zum religiösen Geiste und bei der Einordnung desselben in die allgemeine religiosmetaphysische Spekulation doch in erster Linie nur die Conservirung des Christentums in der Not der Zeit beabsichtigt, die andere, indem sie durch dieselbe Not gedrängt den Beweis zu führen sucht, dass eine Apologetik weder nötig noch in der Natur der Sache begründet sei; das ist aber bereits eine — wenn auch sehr missliche -- apologetische Operation. — Wie sich der durch keine theologischen Schulerfahrungen niedergedrückte moderne Laienverstand die dogmatische Aufgabe vorstellt, kann man in der interessantesten Weise studiren an Henry Drummond, Das Naturgesetz in der Geisteswelt, Leipzig 1886.

Bedeutung, die so ausserordentlich ist für das Leben der Religion, dass sie trotz aller Misserfolge immer wieder aufgenommen werden muss. In diesem Sinne ist die Dogmatik jeder Religion, die bis zum Weltende sich in der Welt behaupten will, schlechthin unentbehrlich als Grundlage ihrer Religionspädagogik, als der stille Koeffizient aller Predigt und alles Unterrichts, der das Zusammenbestehen einer weltlichen Bildung mit der religiösen Wahrheit ermöglicht und die aus jeder solchen für die Religion erwachsenden Schwierigkeiten von vorne herein zu beseitigen sucht, damit diese ihr eigentliches Werk thun kann [1]). So notdürftig jene Regulirung auch immer gelingen mag, die Frage, ob und wie beides zusammen bestehen kann, ist die eigentliche Cardinalfrage der Dogmatik, soweit sie Dogmatik und nicht etwa Bekenntnis ist, und die jeweilige Beantwortung dieser Frage ist der Schlüssel zum Verständnis ihrer einzelnen grossen Ausgestaltungen.

Ist daher der von Gass hervorgehobene Gesichtspunkt durchaus zu billigen, so bedarf doch seine Durchführung desselben nach den verschiedenen Anregungen neuerer Forscher einer mehrfachen Berichtigung und Ergänzung. Vor allem müssen zwei Dinge mehr auseinander gehalten werden, als es bei Gass geschieht, der aus allen noch so äusserlichen Sätzen irgendwie den Kern einer inneren Wechselbeziehung von Rationalität und Offenbarung herauszuschälen sucht [2]), nämlich das offizielle, rein äusserliche Verhältnis der Theologie zu den übrigen akademischen Disziplinen, wie es

---

[1]) Die Dogmatik erscheint so als eine Art notwendiges Übel. Wenn man aber daran nur das „Übel" hervorhebt und diesem Übel dadurch zu entgehen sucht, dass man die Komplikation von lebendiger Religion und reflektirender Theologie völlig zu lösen sucht, wie dies besonders Bernh. Duhm in seinem hochinteressanten Vortrag „Über Ziel und Methode der theologischen Wissenschaft" Basel 1889 thut, so unterschätzt man dabei das „notwendig". Denn die Religion ist doch nicht blos eine Art mystischer Suggestion des göttlichen Lebens an die Menschen durch Gott. sondern gerade die „lebendige Religion" ist niemals ohne fides quae creditur, und jede solche fides führt unvermeidlich zu einer Auseinandersetzung mit den übrigen Vorstellungen d. h. zu einer Dogmatik. Hierin sind die Theologen nicht schlimmer daran als überhaupt jeder nachdenkende Fromme. Wenn Duhm bei seinen eigentümlichen Voraussetzungen sich dieser Notwendigkeit entziehen kann, so gilt dies doch nicht von den meisten Übrigen, welche von der Macht der Vorstellung in der Religion einen tieferen Eindruck haben und die Selbsttätigkeit der Menschen an diesem Punkte für unumgänglicher halten.

[2]) Am bedenklichsten I 210, wo der ganz mechanische Satz von der μετάβασις εἰς ἄλλο γένος auf das Verhältnis von Wirkendem und Gewirktem hinausgeführt wird.

von den Gelehrten der Zeit selbst behauptet und allein an-
erkannt worden ist, und zweitens das neben dem oder trotzdem stattfindende innere Verhältnis beider, wie es als un-
gefährlich oder nebensächlich von ihnen geduldet worden ist
oder unbewusst und rein tatsächlich ihre Gedankenwelt be-
einflusst hat. In ersterer Beziehung sind alle Aussagen genau
so äusserlich zu nehmen, als sie sich geben. Denn in der
blossen Äusserlichkeit der Beziehungen unter den verschiedenen
Disziplinen besteht der entscheidende Charakter des Zeitalters,
und auf sie vor allem ist die Abgrenzung derselben unter
einander, die Lehre von den Prinzipien der Wissenschaften,
begründet; mit ihr hängen ferner aufs engste die Stabilität und
die Gleichförmigkeit des Bildungswesens zusammen, die noch
dadurch befördert werden, dass die ganze gelehrte Bildung,
auf festen Institutionen beruhend und durch staatliche Aufsicht
stets im alten Geleise erhalten, sich auf eine bestimmte Anzahl
approbirter Disziplinen beschränkt und in dieser festen Form
den beiden Hauptaufgaben des Fürstentums, der politischen
und kirchlichen Regierung, zu dienen hat[1]). Es handelt sich
also in diesem Zusammenhang lediglich um das Nebeneinander
der privilegirten Disziplinen und deren Verhältnis zu der
obersten unter ihnen, der Theologie, d. h. um die Prinzipienlehre, um die Lehre von der Autorität. In der zweiten
Hinsicht kommt dagegen die theologische Doktrin nach ihrer
eigenen, inneren Ausgestaltung in Betracht, insoweit sie
ihrerseits einen Anknüpfungspunkt im natürlichen Bewusstsein
anerkennt und bedarf. Denn wie jede Lehre, auch bei der
schroffsten Betonung ihres supranaturalen Wesens, dennoch
stets einen solchen haben muss und auch stets bei einer der

[1]) Vgl. Mor. Ritter, Deutsche Geschichte im Zeitalter der Gegen-
reformation, Stuttgart 1889, p. 73 ff. und 114 ff., sowie das wichtige
Werk von F. Paulsen, Geschichte des gelehrten Unterrichts, Leipzig
1885. Auch Ranke, Deutsche Geschichte im Zeitalter der Reformation,
6. Aufl. Leipzig 1881, II 63 V 337 macht auf die innere Selbständig-
keit der beiden zusammenwirkenden Faktoren, der grossen Bildungs-
reform und der religiösen Reform, aufmerksam. Dazu kommt aber
als dritter Faktor noch die politische Umwälzung, in der das deutsche
Fürstentum zum absoluten Staat wird. Erst durch diesen dritten
haben die beiden ersten feste Form und die charakteristische Stabilität
erhalten. Vgl. F. v. Bezold, Geschichte der deutschen Reformation,
Berlin 1890, p. 30 ff. Wie die Reformation selbst nur eine Teil-
erscheinung der ungeheuren allgemeinen Umwälzung ist, so ist auch
ihr Ertrag, die lutherischen Kirchen, an allen treibenden Kräften der
Epoche wesentlich beteiligt. Das zeigen die erwähnten Werke von
Ritter und Bezold schlagend, in seiner Weise auch Janssen, Geschichte
des deutschen Volkes.

Freisinn in den Gang der Dinge nicht recht hineingepasst
habe [1]). Dem gegenüber ist es wohl am Platze, zuerst den
Tatbestand bei dem grossen orthodoxen Theologen zu erheben
und dann zu untersuchen, welche Anknüpfungspunkte sich
hiefür bei dem Schöpfer der protestantischen Dogmatik und
des protestantischen Unterrichtswesens darbieten. Dabei wird
sich die Untersuchung, was den letzteren anbetrifft, auf dessen
eigene, im Corpus Reformatorum gesammelte, Schriften be-
schränken dürfen; für Gerhard, der die philosophische Bildung
seiner Zeit voraussetzt, nicht selbst entwickelt, wird auf die
philosophische Litteratur der Zeitgenossen Bezug genommen
werden müssen.

I.

Gerhard gibt seine Anschauung über den Vernunft-
gebrauch in der bekannten Formel vom triplex usus philosophiae Loci I 76 ff., II 373, Conf. Cath. I 283, am ausführ-
lichsten Meth. 93 ff. [2]). Diese Formel verhüllt aber durch ihre
scheinbare Gleichstellung der drei Arten die Sachlage mehr,
als sie dieselbe erklärt. Sie ist auch wohl aus diesem Grunde
von den Späteren, die sachlich ganz mit Gerhard übereinstimmen, nicht wiederholt worden [3]). Unter den dreien ist
nämlich der usus organicus derjenige, welcher allein das Verhältnis von Vernunft und Offenbarung adäquat und im vollen
Umfang bestimmt; er ist die Art des Gebrauchs, der zufolge
die philosophischen Disziplinen lediglich zur näheren Erklärung

---

[1]) Derselbe Unterschied der Betrachtungsweisen ist von Ad. Har-
nack angedeutet, wenn er Luthers doktrinäre Aussagen über die
Schrift „historisch höchst wichtig, sachlich aber gleichgiltig" nennt.
Lehrbuch der Dogmengeschichte III, Freiburg 1890, p. 582. Mir
kommt es hier nur auf das historisch Wichtige an. Die Frage nach
dem tiefsten und allgemeinsten religionsgeschichtlichen Gehalt der
Reformation ist eine andere als die nach dem geschichtlichen Zusammenhang derselben mit ihrem nächsten Ertrag; jedenfalls darf
dieser, wie immer bestimmte, Gehalt nicht ohne Weiteres als ursprüng-
liche Idee der Reformation angesetzt und dann die weitere Entwickelung als Abfall oder Verschiebung geschildert werden.
[2]) Confessio catholica 1633. Methodus studii theologici, Jena 1620.
Die Darstellung in der Confessio ist aus letzterer entnommen.
[3]) H. Schmid a. a. O. p. 16 ff.

bei der Schriftauslegung, also zur Wort- und Sachexegese, herangezogen werden. In diesem Sinne stellt er die eigentlich offizielle Fixirung des in Frage stehenden Verhältnisses dar[1]). Gerhard unterlässt es daher auch nicht, bei der näheren Behandlung diesen Umstand klar zu stellen. Usus organicus latissime patet Meth. 93. Von ihm allein heisst es I 76: usum hunc commendamus quam maxime, immo vero necessarium esse dicimus. Atque huc referenda sunt encomia illa, quae philosophiae (praesertim vero logicae) tribuuntur a veteribus satis honorifica; im Vergleich mit ihm sind die beiden anderen Arten, der usus catasceuasticus und anasceuasticus, nur nebenbei „ἐκ περιουσίας", und „um der Gegner willen", sei es in nachträglicher Bestätigung der eigenen Position, sei es in sekundärer Bekämpfung der gegnerischen, geduldet und auch so nur mit der äussersten Vorsicht zu handhaben, Meth. 103. Soweit sie es nicht mit mehr oder minder zufälligen Kleinigkeiten zu thun haben, beschäftigen sie sich mit der natürlichen Theologie, von der es sich ganz von selbst versteht, dass sie vor allem sich zur philosophischen Apologetik den Heiden und Ungläubigen gegenüber eignet. Die Frage nach dem Verhältnis von Philosophie und Theologie hat sich also in erster Linie an diesen usus organicus zu halten d. h. an die Verwendung des gesammten philosophischen Stoffes im Dienst der obersten Fakultät, während die beiden andern usus mit der natürlichen Theologie zusammen erst im zweiten Abschnitt zur Sprache kommen sollen. Aber auch der usus organicus kann nicht ohne weiteres als Ganzes aufgefasst werden, sondern derselbe zerfällt in zwei sehr verschiedene Teile, die den zwei Gruppen entsprechen, in welche der philosophische Betrieb selbst sich spaltet, der Instrumental- und der Realphilosophie, Meth. 93. Erstere umfasst Grammatik, Rhetorik und vor allem die höchst wichtige Schullogik, letztere beschäftigt sich mit der inhaltlichen Erkenntnis der Dinge. Daher sagt auch Gerhard: de philosophiae partibus instrumentalibus distincte agendum, Meth. 99; denn sie stehen zur Theologie in genau demselben Verhältnis wie zu allen übrigen Wissenschaften als die den wissenschaftlichen Charakter aller erst konstituirende, rein formale Denk- und Darstellungskunst und sind in dieser Eigenschaft von der Theologie bedingungslos approbirt, während die Realdisziplinen, an sich zunächst Selbstzweck, blos zur Theologie eine besondere Stellung einnehmen und hier nur eine sehr bedingte, durch einen grossen Apparat künstlicher Vorsichtsmassregeln bestimmte, Geltung haben.

---

[1]) So scheint auch Dorner p. 534 die Sache aufzufassen.

Es handelt sich also an erster Stelle um das Verhältnis der in den Artistenfakultäten gelehrten Realdisziplinen zur Wissenschaft der obersten Fakultät, und erst nach dessen Klarstellung wird der übrigens nicht minder wichtige Gebrauch der formalen Vernunft zu erörtern sein.

Im Prinzip allerdings ist die Theologie völlig unabhängig. Ihr ganzer Stoff ist ja von der Offenbarung gegeben, und an sich bedürfte es nur der Anwendung der formalen Vernunft auf diesen Stoff, um eine „wissenschaftliche" Glaubenslehre zu geben. Daneben könnten die Realdisziplinen in allen Ehren ihren eigenen Bestrebungen obliegen und der nützlichen Einrichtung des menschlichen Lebens dienen. Die Frage, ob nicht eine philosophische Welt- und Lebensansicht auf ihrer Grundlage sich erheben und der biblischen gefährliche Konkurrenz machen könnte, sowie die Überlegung, ob nicht der an einzelnen Stellen gegen sie hervortretende Widerspruch Symptom einer allgemeineren Differenz sein könnte, bereitet dem schriftgläubigen Zeitalter keine Sorge. Denn eine philosophische Gesammtansicht gab es nicht, und im Falle eines solchen Einzelkonfliktes kam es nur darauf an, die Entstehung eines solchen Scheines aus Unkenntnis der wahren Prinzipienlehre oder aus atheistischem Hochmut nachzuweisen. Gleichwohl ergab sich die Notwendigkeit, auf die Philosophie Rücksicht zu nehmen. Insofern nämlich die Offenbarung eine Menge von Bestandteilen enthält, welche auch dem natürlichen Erkennen zugänglich sind, wie physikalische, psychologische, geographische u. a. Ausdrücke, war es wünschenswert diese „termini" näher zu erklären, und das geschah ganz naturgemäss in der Weise, dass man aus dem Kreis der literae, linguae et disciplinae, quae ad encyclopaediam pertinent[1]), diejenige Disziplin heranzog, welcher der betreffende terminus angehörte. Daher gibt Gerhard in seiner Methodus p. 93 ff. folgende Schilderung vom usus organicus: De philosophiae partibus realibus in specie dicimus, quod earum eruditio inserviat theologiae in terminorum quorundam explicatione. Z. B. tempus, locus, coelum, terra, mare, ignis, nix, grando, pluvia, facultates animae etc. sunt physici (sc. termini); ideo ex physicis illorum explicationem petit theologus. De profectionibus Patriarcharum, Israelitarum in deserto, Apostolorum etc. sine aliqua geographiae cognitione, de cursu stellarum, de Orione, de Plejadibus sine astronomiae cognitione disserere

---

[1]) So nennt es Calixt im Apparatus theologicus, Helmstedt 1661, p. 162. Der Apparatus ist überhaupt sehr lehrreich für die Kenntnis der üblichen Disziplinen.

nequit theologus. De virtutibus, temperantia, liberalitate, forti-
tudine etc., de rebus politicis, magistratu, subditis, legibus,
suppliciis etc., de rebus oeconomicis, marito, uxore, liberis,
servis etc. disserturo practicae philosophiae cognitio adjumentum
aliquod praestat. Von der Metaphysik, die Gerhard ebenfalls
in diesem Zusammenhang behandelt, wird später die Rede
sein [1]). Der usus organicus ist demnach einfach zu bezeichnen
als Realerklärung biblischer Stoffe mit Hilfe der philosophischen
Disziplinen. Diese Realerklärung bildet den eigentlichen Kern,
die einzige offizielle Art des Verhältnisses von Philosophie und
Theologie; dies ist auch der sehr einfache Sinn, welchen die
Formel von der Herrschaft der Theologie oder dem Magddienst
der Philosophie in sich schliesst [2]). Calixt erklärt den Satz
ancillari philosophiam theologiae geradezu mit den Worten:
recte dixero, philologiam proxime et proprie voces, philosophiam
vero adminiculo vocum res explicare (Appar. 45), und Gerhard
versichert demgemäss kurzweg: theologia nostra in hac vita
fere tota est grammatica (III 14). So mechanisch und äusserlich dieser usus organicus aufgefasst ist, so stellt er doch nicht
etwa blos ein notdürftiges Kompromiss zwischen den beiden
Wissenschaften dar, neben dem die Philosophie ihre eigentliche Aufgabe erst noch zu erfüllen hätte, sondern diese Auffassung enthält den Gesichtspunkt, der wesentlich und entscheidend für die ganze Artistenfakultät überhaupt in Betracht
kommt, bezeichnet die Richtung, in welcher die Hauptmasse
der philosophischen Produktion sich bewegt. Auch nicht blos
von der Theologie aus angesehen erscheint die Philosophie in
dieser Stellung. Sie und ihre Disziplinen wurden von Haus
aus immer nur als die unentbehrliche Vorschule zu den oberen
Fakultäten angesehen und nur nach dem Nutzen beurteilt,
den sie für diese abwarfen [3]). Ganz in diesem Geiste sind
bereits die Statuten der Wittenberger Artistenfakultät, das

---

[1]) Fast wörtlich hiemit übereinstimmend ist die Darstellung des
Verhältnisses von Philosophie und Theologie bei Balth. Meisner,
Philosophia sobria, Giessen 1613 ff., I p. 21 ff., nur dass die Bezeichnung als usus organicus nicht angewendet wird. Ebenso Calixt, Apparatus 13 ff.

[2]) Dieser Sinn ist nicht einfach genug gefasst von Gass I 209 ff.
Die Sache ist genau so äusserlich gemeint, wie sie ausgesprochen ist.
Auch Baur, Vorlesungen über Dogmengeschichte, Leipzig 1865—67,
III 35 ff. und Kahnis, Lutherische Dogmatik, Leipzig 1861, I 30 ff.
sind nicht viel deutlicher.

[3]) Vgl. die Beurteilung der humaniora in der Leichenrede Calixts
auf Cornelius Martini bei E. Henke, Georg Calixtus und seine Zeit,
Halle 1853 ff., I 108 und das Urteil Henkes über diese Nützlichkeits-
theorie, I 30.

Vorbild aller übrigen Organisationen, von Melanchthon im Jahre 1545 abgefasst [1]). Dort werden die zehn Lektoren der Artistenfakultät festgestellt, drei Aristoteliker, einer für Dialektik und Rhetorik, zwei für Physik, zwei Mathematiker, drei Latinisten, ein Hebraist und ein Gräcist, deren Arbeitsteilung in der Folge nur unwesentlich verändert worden ist. Eröffnet werden die Statuten mit folgender charakteristischen Anpreisung ihres Nutzens: Deus aeternus, pater domini nostri Jesu Christi ostendit generi humano literas et numerorum, figurarum anni, remediorum, legum de regendis civilibus moribus doctrinam et historias et servat haec dona nobis non solum, ut sint praesidia hujus vitae communia omnibus gentibus, sed multo magis eo, quia, cum Deus immensa bonitate se patefecerit, ... voluit hanc suam patefactionem, dicta et testimonia mandari literis per Patres, Prophetas et Apostolos et hac doctrina sibi ecclesiam colligi. . . Cum igitur necesse sit hunc librum a Deo nobis commendatum cognoscere neque id sine cognitione literarum, linguarum et multarum artium fieri possit, manifestum est in primis ecclesiae Dei literarum studia necessaria esse. Der zweite daneben zur Geltung kommende Gesichtspunkt ist dann: has ipsas literas atque artes . . . etiam nervos esse salutaris gubernationis X 1008 ff. Ebenso lehrreich sind die Statuten von Helmstedt, welche von den Konkordisten Chemnitz und Chyträus nach dem Vorbild der Wittenberger und Jenenser 1576 ausgearbeitet wurden [2]). Auch in ihnen werden die radii lucis, literae, linguae et artes, quas uno philosophiae καὶ ἐγκυκλοπαιδείας nomine usitate complectimur [3]) auf die erwähnten zehn Lekturen verteilt, und die Bewahrung dieses auf den göttlich inspirirten [4]) Autoritäten des Altertums begründeten Schatzes den Dozenten derselben anvertraut zum Nutzen des Reiches Gottes. Doch ist dies nur der Vorkursus für die oberste Stufe, welche artes complectitur, quae ecclesiam et rem publicam et totam hominum vitam gubernant et tuentur d. h. Theologie, Jurisprudenz und Medizin [5]). So ist der usus organicus die Idee, welche von Anfang an durch ein Jahrhundert dem wissenschaftlichen Betrieb offiziell zu Grunde gelegen hat. In diesem Sinn hat er auch eine grosse Litteratur

---

[1]) C. R. X 1008—1024. Vgl. dazu Paulsen 155 ff. 150 ff.
[2]) Ausführliche Mitteilungen darüber bei Henke I 22 ff.
[3]) A. a. O. 29.
[4]) A. a. O. 29.
[5]) A. a. O. 30. Die Medizin tritt übrigens überall sehr zurück. Tatsächlich stehen Theologie und Jurisprudenz als die Vorschulen für die kirchlichen und politischen Beamten des Fürstentums allein im Vordergrund.

hervorgebracht, aus der Buddeus [1]) eine stattliche Zahl von Beispielen angegeben hat, so (nach dem Vorbild des Hierozoicon
von dem Reformirten Bochart) eine brevis et accurata animalium
in sacro cumprimis codice commemoratorum historia und eine
physiologia sacra von Mey, eine historia animalium sacra von
Franz, eine physica Iobi von Scheuchzer, sodann Vogler de
rebus naturalibus ac medicis quarum in scriptura fit mentio,
Ursinus arboretus biblicus, phytologia sacra, herbarius sacer et
hortus aromaticus, Schriften de gemmis sacris u. s. w. Demselben Zweck einer bequemen Darbietung des Stoffes sämmt-
licher Disziplinen dienen die grossen encyklopädischen Werke,
vor allem das in dieser Beziehung bahnbrechende Werk des'
H. Alstedt, das dann lutherischerseits von Calov, Ringelberg
und andern nachgeahmt wurde [2]), desgleichen die „vielfältigen
logicae, ethicae, politicae etc. Christianae", welche Reimmann
erwähnt, und die ihre Parallele an ähnlichen juristischen Lo-
giken haben [3]). Man sieht, bei aller Vorsicht steht doch die
Philosophie in den höchsten Ehren, und das Verhältnis zu ihr
ist in erster Linie ein freundliches. Sie wird mit Lobsprüchen
aller Art überhäuft und bildet eine Grundsäule des ganzen
bürgerlichen Lebens mit seinen Ordnungen und Interessen
(Meth. 5 ff.); wer sie in ihrem geordneten Bestand durch
Geringschätzung verletzt oder durch fremde und neue An-
sichten gefährdet, ist als staatsgefährlicher Neuerer und Re-
volutionär unschädlich zu machen [4]). Kein Theologe darf in
das Heiligtum der Theologie eintreten, ohne in dieser heli-
konischen Quelle seine Hände gewaschen zu haben [5]), und die
Heroen der theologischen Gelehrsamkeit selbst steigen lernend

---

[1]) Fr. Buddeus, Isagoge historico-theologica, Leipzig 1730, p. 248.
[2]) A. a. O., p. 97.
[3]) J. F. Reimmann, Versuch einer Einleitung in die historiam
literariam der Teutschen, Hall 1708 ff., III p. 200 und 456, ein Werk,
das trotz der Herrschaft eines bereits stark veränderten Geistes
dennoch für die Stabilität des Betriebes noch nach 100 Jahren sehr
lehrreich ist. Sein Grundsatz ist, dass „jede Facultät ihr Wesen vor
sich und also ihre eigene encyclopaediam" habe I 17, und demnach
„der Vortrag sich nach denen Facultäten und Disciplinen" zu halten
habe III 2.
[4]) Durch solche Vorstellungen führen die chursächsischen Gelehrten das Verbot des Ramismus herbei. J. H. ab Elswich, De varia
Aristotelis in scholis protestantium fortuna, Wittenberg 1720, p. 74.
Ganz die gleichen macht Corn. Martini gegen die Gegner seiner Logik,
Henke I 258. Vgl. die Verbote des Cartesianismus und den Eid auf
Aristoteles bei Gust. Frank, Gesch. d. prot. Theol. II 84 ff.
[5]) Dieser Spruch des Gregor von Nazianz kehrt als stehende
Redensart immer wieder; bei Gerhard Meth. 39.

13

und lehrend erst durch die philosophische Fakultät empor in die theologische [1]. Als die braunschweigischen Theologen sich gegen ihre allzu humanistische Artistenfakultät erhoben und etliche Ramisten sowie Mystiker sich ihrer Opposition anschlossen, da rührten sich allenthalben die lutherischen Gelehrten zur Ehrenrettung des geschmähten Vernunftlichtes, das doch auch von Gott gegeben und eine Grundlage der heiligen Staatsordnung ist [2]. Man sieht aber auch, diese Philosophie ist keine das Welterkennen aus einem Prinzip und im vollen Umfang umfassende Wissenschaft, sondern eine in verschiedene Disziplinen zerfallende encyklopädische Bildung, die in geregelter Tradition jede einzelne für sich bearbeitet und aus einem Kompendium in das andre umgiesst, um den Zeitgenossen als Reallexikon allgemeiner Bildung, als Nachschlagebuch für jeden beliebigen „terminus" zu dienen [3]. Die ganze „Wissenschaft" hat einen stark lexikalischen Charakter, womit die ausserordentliche Neigung zum gegenseitigen Ausschreiben [4] und die unglaubliche Rolle, welche Kollektaneen und Tabellen bei dem Studium spielen, gut übereinstimmen [5]. Möglich war dies alles nur dadurch, dass zugleich die unbefangene Voraussetzung einer völligen Deckung der biblischen Realien mit den philosophischen herrschte. Man war überzeugt, dass das aristotelische Weltwissen als die einzige, seit fast zwei Jahrtausenden herrschende, Kodifikation des natürlichen Erkennens ganz von selbst mit den nicht-mysteriösen Bestandteilen der Bibel übereinstimmen müsse, da es ja nur eine Vernunft gibt. Diese Überzeugung wiederum war dadurch ermöglicht, dass der Aristotelismus selbst bereits christianisirt und in den Hauptdifferenzen der Weltlehre und der Unsterblichkeitslehre der

[1] Tholuck, Ak. Leben, I 294 ff.
[2] Henke I 70 ff. 221; die Gutachten der Wittenberger Fakultät bei Elswich p. 79 ff.; vor allem der hiegegen gerichtete Vernunftspiegel Jakob Martinis, Wittenberg 1618. — Auch Brucker IV 779 ff.
[3] Ein starkes Beispiel ist Ph. Richter, Lexicon ethicum omnium terminorum usitatorum et ad philosophiam moralem pertinentium significationes, etymologias, homonymias, distinctiones, differentias aliasque observationes nervose et perspicue ostendens, mit Tabellen, grossem Index und mit Citaten aus variorum approbatorum autorum scriptis et glossis, Nürnberg 1627.
[4] Vgl. die ergötzliche Darstellung des Schuppius bei Tholuck, Ak. Leben I 90, auch die Vorwürfe gegen Gerhards Patrologie Cotta I p. XLVII, ferner den Spott Montfaucons über diesen billigen Prunk mit Citaten bei Pfaff, Hist. lit. I 16.
[5] Paulsen 241. Gass I 188. Vgl. das unten über Gerhard zu Bemerkende sowie besonders die 26 Tabellen, die Calovs scripta philosophica, Lübeck 1651 beigegeben sind und fast die ganze Philosophie in einem bequemen Überblick der Benutzung darbieten.

14

Offenbarung konformirt war, sowie dass andrerseits die biblischen Realien traditionell und selbstverständlich im Sinn des
„Aristotelismus" aufgefasst wurden. Daher bezeichnet Brucker
von einem Standpunkt aus, der die Differenz beider erkannt
hat, diese Bildung als syncretismus biblico-Aristotelicus [1]).
Jenes Zeitalter hatte aber noch keine solchen Zweifel,
und in dem beruhigenden Gefühl von der Selbstverständlich-
keit des usus organicus machte man von demselben den weit-
gehendsten Gebrauch, ohne allgemeine, sichere Grenzen
festzusetzen. Nur für die eventuell im Einzelnen sich er-
eignenden Konflikte musste Vorsorge getroffen werden und
zwar in einer Weise, die es ermöglichte den Kompetenzstreit
von Philosophie und Theologie um den jeweiligen terminus
in vollkommen wissenschaftlicher Weise, aber doch natürlich
im Sinne der alleinigen Wahrheit des Dogmas zu schlichten.
Dazu bot z. B. besonderen Anlass die Polemik der Reformirten, welche gegen die lutherische Ubiquität stets den hiebei
gebrauchten terminus der Lokalität urgirten. Um solcher
Fälle willen erörtern die Dogmatiker das an sich als selbstverständlich vorausgesetzte Verhältnis von Vernunft und
Offenbarung und entwickeln dabei eine Prinzipienlehre, die
zu gleicher Zeit eine Rechtfertigung des usus organicus und
ein System von Vorsichtsmassregeln bei der Ausübung desselben ist.
Daher behandelt auch Gerhard die Sache nur gelegent-
lich, so in dem sehr kurzen 11. Kapitel des locus de inter-
pretatione scripturae I 76 ff. und in dem ähnlichen 22. Kap.
der exegesis uberior, wo er einen diesbezüglichen Exkurs gegen
Socinianer und Calvinisten richtet II 362 ff. und 371 ff., ferner
in den Einleitungen zur exegesis und zur Methodus, in der
protheoria zum locus de Trinitate II 214 ff., bes. 228 ff.,
speziell in einem Exkurs über den Satz vom Widerspruch
gegen die Reformirten Keckermann und Alstedt Meth. 119
—132. Ausserdem sind natürlich die Aussagen über scriptura
und fides herbeizuziehen, sowie der locus de libero arbitrio,
der den ganzen natürlichen Menschen beschreibt, und die
eschatologischen loci, welche den idealen Zustand der Seelenvermögen schildern; dagegen kommen die Aussagen über die
natürliche Theologie I 93 ff. und III 40 ff. hier nur soweit
in Betracht, als sie von den Prinzipien handeln.
Da es sich fast an allen diesen Stellen um Verteidigung

[1]) Jak. Brucker, Historia critica philosophiae, Leipzig 1743, IV
p. 755 ff.; er behandelt ihn unter der Rubrik der synkretistischen
Philosophie.

des Offenbarungsprinzips und Bekämpfung der Vernunftprinzipien handelt, so trifft man selten eine positive Darlegung der letzteren. Doch lässt sich diese aus den polemischen Erörterungen leicht herausziehen. Was sich dabei ergibt, ist Folgendes.

Der grundlegende und für alles Übrige entscheidende Satz ist der, dass das menschliche Erkennen in zwei toto coelo verschiedene Sphären zerfällt, von denen die eine dem Vernunfterkennen, die andere der Offenbarung angehört, die aber beide in ihrer Art gleichberechtigt und gleich sehr in der Natur der menschlichen Seele begründet sind. So wird II 371 mit Bestimmtheit für die ratio ausgeschieden eine sphaera earum rerum, quae rationis judicio sunt subjecta, für die fides eine sphaera earum rerum, quae sunt ultra omnem rationis captum posita. Jede hat ihr bestimmt umschriebenes Gebiet, terminos sui objecti II 372, erstere die Natur und den menschlichen Geist, letztere die Offenbarung der Schrift; sie sind gleichberechtigt und doch verschieden, wie jeder Staat seine eigenen Gesetze hat, ohne dass dadurch die des andern beeinträchtigt würden. II 372 ff.

Im grösseren Rahmen der Psychologie, also mit Einschluss der Willensseite, erscheinen beide Sphären näher als eine niedere weltliche und eine höhere geistliche unterschieden. Objectum liberi arbitrii aut est mundanum seu humile, quod subjacet sensibus et rationi humanae nec excedit ejus captum nec opus habet lumine supernaturali, aut est spirituale sive sublime, quod rationem superat et vires naturales excedit et indiget illuminatione spiritus; zu ersterer Sphäre gehören quae propria sunt hominum et ad vitam humanam pertinent, uti artes omnes tam mechanicae quam liberales, virtutes morales, scientiae philosophicae etc., zu letzterer Gottesdienst, Glaube an das Evangelium und Gotteserkenntnis V 201. Noch schärfer in diesem Sinn durchgeführt ist die Unterscheidung V 101, wo die beiden Gebiete direkt als inferius und superius hemisphaerium bezeichnet werden. Die Verbindung der betreffenden Erkenntnis mit den zugehörigen Willensakten innerhalb jeder Sphäre ist das eigentümliche Merkmal dieser Anschauung. Nicht das Erkennen als solches kommt jedesmal in Betracht, sondern das Erkennen im engsten Zusammenhang mit dem ganzen zugehörigen Kreis von Lebensbetätigungen. Die natürliche Vernunft und ihre Disziplinen haben ihren Sinn allein darin, dass sie als Mittel zum Zweck der vita animalis und der justitia civilis (V 201) mit diesen zusammen die Sphäre des liberum arbitrium konstituiren. Reliquae disciplinae (ausser der Theologie) de illis tractant, ad quae mentis humanae acies potest pertingere, utpote de rebus politicis, physicis etc. tradunt doctrinas ad hujus vitae cursum tranquille, honeste et commode traducendum utiles et necessarias et hominem, quatenus in civili societate in hac vita consideratur, objecti loco sibi propositum habent. Meth. 6. Ebenso eng gehören in der andern Sphäre die Erkenntnis der Mysterien und die neuen motus spirituales (VIII 5) sowie die hierauf beruhenden opera spiritualiter bona (V 101) als gleicher Weise vom heiligen Geist gewirkte Correlata zusammen. Theologiae studium est ignorantiae in rebus spiritualibus nobis connatae atque ἀταξίως in affectibus haerentis remedium, ad sanctitatis et pietatis culturam ὁρμητήριον, quotidie Deum in verbo audiendi et cum Deo per preces colloquendi medium adeoque sanctissimae et beatissimae illius societatis, quam in coelo expectamus, quoddam praeludium. Meth. 5. Der Glaube ist cognitio Dei, und diese ist finis hominum, vita und salus; ubi tamen notandum intelligi non nude historicam (sc. cognitionem), sed practicam, non literalem, sed spiritualem, non ἄεργον et otiosam, sed efficacem et operosam, quae scilicet veram in Christum fidem complectitur in corde interius et per studium bonorum operum se commendat exterius. (III 2). Der Glaube ist eine von Gott geschaffene lux spiritualis, vergleichbar dem bei der ersten Schöpfung geschaffenen Licht, Theoretisches und Praktisches gleich umfassend. (II 342) ¹).

---

¹) Vgl. dazu die ausführlichen Auseinandersetzungen in der prooemialis protheoria de S. S. Trinitate, wo das Verhältnis von schola sapientium hujus saeculi und schola superior Spiritus Sancti, lumen naturae und lumen gratiae, scientia humana und sapientia divina, axiomata philosophica und mysteria divina, sphaera sublunaris und sphaera supercoelestis, νοητά und πιστά ausführlich und streng technisch entwickelt wird II 229. 233. Dort werden auch ausdrücklich die beiden Merkmale der Vernunftsphäre, quantitative Beschränktheit gegenüber der Offenbarungssphäre und fleischlich-irdische Sinnesart gegenüber dem Geist Gottes, zusammengestellt, p. 229. Ratio humana . . non solum destituitur δυνάμει divina plene et perfecte cognoscendi, sed etiam contrario habitu errores et vitia sectandi est corrupta 1 Cor. 2, 14. Illatio apostoli est talis: Spiritualia oportet spiritualiter judicari, id est, ad spiritualia mysteria percipienda et judicanda requiritur intellectus Spiritus S. luce collustratus. Beide Merkmale hängen derart zusammen, dass die Vernunft, welche die Heilskraft der Offenbarungssphäre noch nicht erkannt hat, abgeneigt ist, sich dem Prinzip der letzteren anzuvertrauen und sich daher lieber auf die sicherer scheinenden Erkenntnisprinzipien ihrer eigenen Sphäre verlässt ibid. Gleichwohl wird damit den princ. phil. an sich kein Vorwurf gemacht p. 230. Sie dürfen nur nicht als generalia betrachtet werden, wie der fleischliche Sinn zu tun geneigt ist, und wie die Scholastik tat; in sua dumtaxat sphaera obtineant veritatem p. 229 und 230.

Die Verschiedenheit und Gleichberechtigung beider Sphären zeigt sich vollends in dem Verhältnis, das zwischen ihnen im Urstand und im Stand der Wiedergeburt als Ideal der richtigen Verhältnisbestimmung obwaltet. Sie sind dann nämlich nicht etwa weniger scharf, sondern noch viel klarer und schärfer geschieden, insofern die Seele hier die Eigenart der spiritualia erfahren und dadurch völlige Einsicht in die prinzipielle Verschiedenheit beider Sphären gewonnen hat. Die rectitudo omnium facultatum animae im Urstand und die ratio revelatione collustrata bedeuten nichts anderes, als dass hier die Neigung des unwiedergeborenen, den Wert der spiritualia nicht kennenden, Menschen völlig fehlt, in der er sonst die niedere Sphäre mit der höheren zu vermischen und die letztere nach der ersteren zu beurteilen versucht ist II 371 ff. I 79 III 229. Man erkennt deutlich das Bestreben, den Unterschied beider als einen qualitativen zu bestimmen; nur nach der Seite des theoretischen Inhalts erscheint er lediglich als ein quantitativer. Es sind zwei getrennte Reiche mit grundverschiedenen, nur innerhalb ihres Bereiches gültigen, Gesetzen, aber geeinigt durch den gemeinsamen Oberbegriff der Wahrheit II 372 ff., nur dass man über das Wesen dieses Oberbegriffes und über sein Verhältnis zu den Unterarten nichts erfährt, sondern sich ganz allgemein mit dem Eindruck zu begnügen hat, es handle sich in beiden Sphären um gottgewollte Wahrheit.

Ist in dieser Weise der Unterschied beider Sphären klar erkannt, so muss derselbe noch „wissenschaftlich" formulirt werden. Das geschieht nach der Vorschrift des Meisters Aristoteles: Quaelibet disciplina sua habet axiomata II 373, d. h. jede Disziplin hat ihr Existenzrecht und ihren absoluten Beweisgrund in einem letzten nicht weiter zu beweisenden Prinzip, auf das immer schliesslich zurückgegangen werden muss, wenn ihre Sätze streng bewiesen werden sollen [1]). Von

---

[1]) Von diesem Grundsatz hat daher die Darstellung der orthodoxen Prinzipienlehre auszugehen, nicht von der erst später aufgenommenen (Schmid p. 17) Unterscheidung der articuli puri et mixti, wie Dorner p. 535 ff. thut. Wenn D. dann freilich p. 542 den oben bezeichneten Grundsatz nachholt, so geschieht es ohne Berücksichtigung des allgemeinen, die Gesammtheit der Wissenschaften umfassenden, Zusammenhangs der Prinzipienlehre. In dieser allein aber hat man die eigentliche und offizielle Fixirung des Verhältnisses von Vernunft und Offenbarung zu suchen: die Unterscheidung von artt. puri et mixti ist erst eine entferntere Folge dieser Prinzipienlehre. Daher kommt es auch bei Dorner zu keiner rechten Klarheit über die Sache, sondern nur zu einer sehr allgemeinen Kritik. — Ganz in Dorners Sinn gehalten ist Harries, De articulis puris et mixtis, Göttinger Preisschrift 1857.

diesen Prinzipien aber gilt nach Aristoteles Metaph. I c. 2:
Principia in qualibet disciplina debent esse πρῶτα καὶ ἄμεσα,
ἀληϑῆ, ἀνυπεύϑυνα, αὐτόπιστα, ἀναντίῤῥητα καὶ ἀναπόδεικτα
adeo, ut quidquid illis adversatur, nihil eo fallacius omnibus
recte judicantibus appareat et vicissim, quidquid illis congruit,
certum et firmum esse omnes statuant II 8; derselbe Grundsatz ist ausgesprochen II 41 und II 351. Als ein Prinzip
in diesem Sinn die heilige Schrift für die Offenbarungssphäre
alles Ernstes zu erweisen, war der Zweck von Gerhards wichtiger und für alle Folgenden vorbildlichen Neubearbeitung des
locus de scriptura. Principia in scientiis suam in se ac per se
autoritatem et certitudinem obtinent ac statim ut proferuntur,
approbatione digna censentur, quo respectu etiam axiomata
dicuntur... Sic scriptura, quia primi principii rationem obtinet,
ideo suam internam et immotam autoritatem in ecclesia obtinet,
quae non aliunde, ab ecclesiae scilicet autoritate, illi confertur
II 41, vgl. genau denselben Gedanken I 12. Andrerseits
erscheinen als Prinzipien der Vernunftsphäre die üblichen
„Axiome": notitiae communes (gewöhnlich κοιναὶ ἔννοιαι
genannt), sensus, experientia, inductio I 79; zu der in ihr er-
reichbaren Erkenntnis erhebt sich der Intellekt per κοινὰς
ἐννοίας et discursum ex inspectione creaturarum deductum
Conf. Cath. I 281. Werden diese „Prinzipien" auch bisweilen
verschieden aufgezählt, so handelt es sich doch stets um dieselben Grössen, um λόγος und πεῖρα, um die angeborenen Ideen
und die Gesetze der empirischen Reflexion (Meth. 6). Es
sind also beiderseits allen Anforderungen der Wissenschaft
entsprechende Prinzipien, auf denen jede Sphäre ruht, die
Theologie auf einem einzigen, alles umfassenden, die Philosophie
auf einer Mehrzahl, wie es ihrer Verteilung auf verschiedene
Disziplinen entspricht.

Als Prinzip qualifizirt sich ein derartiges Axiom durch
seine unmittelbare Selbstevidenz. Für die philosophischen
Prinzipien brauchte der Theologe diese letztere nicht nachzuweisen, sondern konnte sie aus den üblichen Lehrbüchern
voraussetzen, indem er es unternahm, nach ihrer Analogie das
Offenbarungsprinzip technisch streng zu bestimmen. Es kam
also darauf an, diese Selbstevidenz auch an der Schrift nachzuweisen, die Prädikate αὐτόπιστος, ἀξιόπιστος, ἀναπό-
δεικτος etc. auch an ihr in concreto aufzuzeigen I 7 ff.,
II 36 ff. Diese Merkmale werden hier sämmtlich gefunden
in dem Begriff der efficacia Spiritus Sancti in cordibus. Spiritus S. in ipsorum cordibus testatur, quod spiritus sit veritas,
id est, quod doctrina a Spiritu S. profecta sit immota veritas
I 9. Quomodo de autoritate verbi divini in scripturis contenti

possunt quaerere, qui vim et efficaciam verbi in corde suo
ipsimet sentiunt et per illud ad vitam aeternam sese regenitos
esse agnoscunt? II 36. Quin immo testatur id cujusque pii
experientia; ideo enim hoc vel illud dogma firma fide amplec-
timur, quia in scripturis s. divinitus illud revelatum esse cognoscimus, non quia ecclesia illud proponit. Principium primum
non habet aliquid prius et fundamentum non fundatur in alio
II 41. Diese Stellen, welche sich noch stark vermehren
liessen, begründen ausdrücklich und prinzipiell die gesuchte
Selbstevidenz auf das, was man heute technisch als „innere
Erfahrung" bezeichnet. Obwohl diese letztere Bezeichnung
nicht fehlt, so herrscht doch der Ausdruck testimonium Spiritus
S. internum vor II 37, mit welchem genau dasselbe gemeint
ist, nämlich die fromme Erfahrung als wissenschaftliche Grundlage für den Beweis der Selbstevidenz des theologischen
Prinzips. Nur wenn man es in diesem Zusammenhange auf-
fasst, wird das bekannte testimonium recht verstanden und
seine grundlegende Bedeutung für den „wissenschaftlichen"
Charakter des Systems genügend gewürdigt [1]).

Unter diesen Umständen ist es auch nur natürlich, dass
zugleich die innere Korrespondenz zwischen jedem Prinzip und
seiner zugehörigen Sphäre erkenntnistheoretisch klar gemacht
wird. Omnis notitia versatur inter rem cognoscendam et intellectum cognoscentem, „quia intellectio est speciei ab objecto
cognoscendo abstractae in intellectum receptio". Scalig. Ex.
307 sect. 21. Requiritur igitur inter intellectum cognoscentem
et rem cognoscendam adaequatio, proinde ut in visione, quae
est intellectionis quasi umbra et $\pi\alpha\varrho\acute{\alpha}\delta\epsilon\iota\gamma\mu\alpha$. Das gilt von
den Prinzipien der natürlichen Sphäre, aber ganz analog gilt
dasselbe auch von denen der mysteriös-spiritualen. Quia ergo
mysteria fidei in scripturis proposita sunt divina ex immediata
Dei revelatione profecta, ideo intellectus nostri per peccatum

---

[1]) So auch Kaftan, Wahrheit der christlichen Religion, Basel
1888 p. 155; auch Klaiber in der Abhandlung über das testimonium
Sp. S. in den Jahrbb. f. deutsche Theol. 1857, sowie Tholuck, Kirch-
liches Leben I 81 ff. Nur musste der Zusammenhang mit den aristotelischen Vorschriften mehr hervorgehoben werden. Vgl. auch Dorner
540 ff. Von der inneren Erfahrung moderner Theologen unterscheidet
sich die der alten durch strengere und klarere Bestimmung des zu
Erfahrenden und durch nachdrücklichere supranaturale Motivirung.
Die alte verbürgte den klaren Schriftinhalt, die neue verbürgt zunächst
lediglich sich selbst, gestattet aber, durch die nötigen Folgerungen
einen Inhalt aus ihr zu entwickeln, der dann mit den unentbehrlichsten
Wahrheiten der Schrift und des kirchlichen Bewusstseins zusammen-
trifft. Die alte ist in Bezug auf Klarheit und Sicherheit bedeutend
im Vorteil.

misere corrupti sphaeram, ut ita loquar, excedunt. 1 Cor. 2, 14.
Proinde praeter nativas intellectus nostri vires et primaevas,
ut ita loquar, opes requiritur divini luminis irradiatio, alias
mysteria in scripturis proposita sunt liber clausus et signatus.
Das hat vor allem Luther, ex quo fonte distinctio inter notitiam literae et spiritus promanavit, in massgebender Weise
gelehrt I 50 ff. In diesem Sinne wird die Forderung der
Mitteilung spiritualer Kräfte d. h. religiösen Verständnisses
unaufhörlich wiederholt und in einer stehenden Vergleichung
der ersten Schöpfung als $\dot{\alpha}\nu\dot{\alpha}\varkappa\tau\iota\sigma\iota\varsigma$ und $\dot{\alpha}\nu\dot{\alpha}\pi\lambda\alpha\sigma\iota\varsigma$ zur Seite
gestellt [1]. So ist, wie zwischen den beiden Sphären selbst,
auch zwischen ihren Prinzipien ein qualitativer Unterschied.
Wohl ist das Erkennen in beiden lediglich theoretisches Erkennen, nur durch das Mass der Tragweite unterschieden;
aber da der Gedanke eines „reinen Erkennens" völlig fern
liegt, so kommt es immer nur in der engen Verbindung mit
seinen Zweckbeziehungen in Betracht und geht dadurch ein
in den Gegensatz zwischen Weltlich und Geistlich, Profan und
Religiös. Wie misslich die Grenzscheidung nach der theoretischen Seite ist, zeigt die Nebeneinanderstellung folgender
Sätze: axiomata philosophiae sunt specialia et in sua dumtaxat sphaera obtineant veritatem Meth. 115 und Sic theologiae
principia sunt simpliciter prima et summa, quae nulla aliarum
disciplinarum principiis subordinantur, sed reliquarum sci-
entiarum principia non simpliciter, sed in suo dumtaxat genere
sunt prima ac theologiae principio subordinantur Meth. 8; d. h.
die Offenbarung darf ihrerseits in alle Disziplinen als gleich-
artige Grösse eingreifen, und die Getrenntheit der Sphären
wie der Prinzipien kommt eigentlich nur von der Vernunftsphäre aus in Betracht. Derselbe Übelstand zeigt sich in dem
bekannten absurden Satz, dass eine ganze Anzahl natürlich
schon bekannter Sätze trotzdem von der Offenbarung noch
einmal offenbart sei II 9 [2]). Auf der andern Seite bezeugen
aber die angeführten Aussagen und die grundlegende Tatsache, dass es bei allem Erkennen immer auf dessen Nutzen
und Betätigung ankommt, die bewusste Absicht beide Gebiete
qualitativ zu scheiden als zwei Reiche mit eigenen Gesetzen,
die nur Provinzen eines beide umfassenden grösseren Reiches
sind II 372 ff.

---

[1]) II 342 344 IV 238 V 317 VII 163 u. öfter.
[2]) Von diesem letzten Satz geht besonders Kaftan p. 149 bei
seiner Beurteilung der orthodoxen Prinzipienlehre aus. Vgl. auch
C. F. Baur, Vorlesungen III 42. Doch ist er erst eine abgeleitete
Folge der Grundthese.

Vor allem muss man sich hüten, diese Gebietsteilung und ihre Zurückführung auf ihre respektiven Prinzipien für etwas blos Gelegentliches, Allgemeines und Ungefähres zu halten, vielmehr soll sie im vollen Ernst eine durchaus wissenschaftliche, präzise, allen Ansprüchen des Aristotelismus glänzend genügende, Fixirung der Gegensätze, ein Grundpfeiler des Systems aller Wissenschaften sein. Moderne Beurteiler haben hiebei leicht nur die Schwächen des Offenbarungsprinzips im Auge[1]), wie dieselben nach unserer Meinung in „der Undeutlichkeit und Unselbständigkeit" d. h. in der sehr äusserlichen Begründung der Offenbarung auf blosse Autorität hervortreten, und beachten nicht den ganzen Zusammenhang der Prinzipienlehre. Für die Betrachtungsweise jener Zeit aber war beides vielmehr gerade ein eminenter Vorzug, insofern das Prinzip der Schriftoffenbarung in seiner absoluten Irrtumslosigkeit und seiner spiritualen Kraft gegenüber den auf sich selbst verwiesenen, schwachen und auf die weltlichen Dinge beschränkten Vernunftprinzipien eine unvergleichlich grössere Garantie gibt, und gerade diesen Vorzug strebten sie im Zusammenhang ihrer Prinzipienlehre technisch-wissenschaftlich zu fixiren. Theologia reliquis omnibus (disciplinis) longissime antecellit principiorum certitudine . . reliquarum principia sunt λόγος καὶ πεῖρα, lumen naturae et experientia, quae inferioris non solum gradus sed etiam certitudinis sunt quam lumen scripturae et gratiae Meth. 6. Ex principii conditione theologia innititur divinae revelationi, quae est αὐταλήϑεια II 12; ganz ähnlich Meth. 114; die Theologie macht im Gegensatz zur Philosophie den Menschen ἀκίνητος καὶ ἀμετάπλωτος Meth. 186. Daher

---

[1]) A Ritschl, Fides implicita p. 72 ff. und 95 ff. Kaftan 156. Es ist doch sehr die Frage, ob der Dualismus von Vernunft und Autorität etwas spezifisch Katholisches ist, wie Kaftan p. 168 will, oder ob derselbe nicht irgendwie in dem Wesen jeder positiven Religion unvermeidlich begründet ist. Vgl. für den Unterschied des Verhältnisses bei Gerhard und bei Thomas die Stelle VII 80. Fides non est talis quaedam notitia, quae rationem et evidentiam rei sequitur, ex eo autem non sequitur, quod nullo modo sit notitia (zu welcher Consequenz die Jesuiten sie zu drängen suchten), quin potius perfectius cognoscimus, quae fide, quam quae ratione cognoscimus. Dazu führt er als katholisches Zeugnis an: Thomas 2, 2 qu. 4, art. 8 concludit, quod fides certior sit aliis virtutibus intellectualibus, cum innitatur divinae veritati, reliquae vero humanae rationi. Aliae tamen certiores sunt quoad nos, quia intellectus plenius eas assequitur. Das letztere hätte der protestantische Theologe nie gesagt, und hierin scheint mir auch der wesentliche Unterschied der scholastischen und der protestantisch-orthodoxen Prinzipienlehre angedeutet zu sein. Zugleich ist diese Stelle ein Beispiel für den Wert, den Citate aus Thomas bei Gerhard haben.

nimmt auch Gerhard für die theologische Fakultät den Vortritt vor den andern in Anspruch propter principiorum certitudinem [1]).

Eine so präzis begründete und formulirte Prinzipienlehre gestattet daher auch vorzüglich die Regulirung aller Grenz-streitigkeiten, die Aufstellung jenes oben erwähnten Systems von Vorsichtsmassregeln, die beim Gebrauch der Realerklärung, bei der Anwendung des usus organicus, befolgt werden müssen. Dasselbe ist scheinbar künstlich, in der Tat aber einfach genug. Es besteht nämlich nicht etwa in einer Umgrenzung des Vernunftinhaltes und des Offenbarungsinhaltes, sondern in der „wissenschaftlich" legitimirten Ausfertigung einer ganz allgemeinen, inhaltlich völlig indifferenten, Vollmacht, der zufolge die Dogmatik in jedem Fall einer aus Vernunftprinzipien gegen sie gerichteten Argumentation dieselbe ohne weiteres niederzuschlagen berechtigt ist, sie sei welcher Art sie wolle, sie sei bereits bekannt oder noch irgend einmal bevorstehend. Es hat sich nämlich jedes Prinzip streng innerhalb seiner Grenze zu halten. Quaelibet disciplina sua habet axiomata, quae non sunt trahenda in aliud forum, sed in sua sphaera relinquenda, ne fiat μετάβασις εἰς ἄλλο γένος II 373. Nach Arist. lib. I Anal. c. 7 gilt die Regel, ut sit terminorum συγγένεια in apodixi nec fiat μετάβασις εἰς ἄλλο γένος. ἀνάγκη ἐκ τοῦ αὐτοῦ γένους τὰ ἄκρα καὶ τὰ μέσα εἶναι I 77 ff. [2]). Prae-posterum igitur est conclusionem ex οἰκείων ex proprio theologiae principio videlicet ex verbo Dei deductam ἐξ ἀλλοτρίων ex alieno principio oppugnare et hac ratione μετάβασιν εἰς ἄλλο γένος a philosophis ipsis improbatam committere II 10, d. h. die Vernunftprinzipien gelten nur für solche Sätze (propositio, thema, quaestio), in denen kein terminus, weder Subjekt noch Prädikat, irgendwie mit der Offenbarung zu tun hat. Denn usus rei non extendit se latius quam res ipsa, principia autem philosophica sunt naturalia I 79. Auf der andern Seite sind solche Sätze, deren termini sämmtlich aus der Offenbarung stammen, ohne weiteres so hinzunehmen, wie sie sich geben, und nicht etwa nach den Prinzipien der ganz fremden Vernunft-

---

[1]) Tholuck, Ak. Leben I 84. Eine Vermischung der diversa disciplinarum genera et principia wäre auch schon an und für sich im Interesse der Ordnung der Wissenschaft — ganz abgesehen von der Schädigung der Offenbarung — zu beklagen III 230. — Vgl. ausserdem die völlig ernst gemeinte, ausgeführte Vergleichung des Erkenntnis-prinzips der Medizin mit dem der Theologie in der Vorrede zu den Meditationes sacrae. Jena 1611.

[2]) Dasselbe aristotelische Citat ist zu Grunde gelegt Meth. 303 bei Beurteilung der Scholastik: ebenso in der Trinitätslehre III 228; hier der charakteristische Satz: Qui a natura ad mysteria, a sensu ad fidem, ab oculo ad oraculum argumenta ducunt, ἀπαιδευσίαν committunt.

sphäre zu kritisiren, sie sind lediglich nach ihrem eigenen Prinzip, nach dem der Offenbarung, zu verstehen d. h. für wahr zu halten. So kann mit siegesgewisser Überlegenheit jeder erdenkliche Angriff auf das lutherische Dogma als μετά-βασις εἰς ἄλλο γένος, wie der zum Überdruss oft wiederholte Ausdruck lautet, auf das allereinfachste abgewiesen werden, und, wenn ein Unverständiger hierin die Anerkennung einer doppelten Wahrheit sehen wollte, so wird er mit mitleidiger Geringschätzung belehrt, dass die beiden Sphären nicht an sich im Widerspruch stehen, sondern nur durch seine eigene Torheit, durch falsche Anwendung der Prinzipien, ex accidenti in scheinbaren Widerspruch geraten seien I 78 ff. II 372.

Etwas schwieriger lag die Sache, wenn ein philosophischer und ein theologischer terminus in einem und demselben Satz verbunden waren. Hier konnte leicht aus dem philosophischen auf den theologischen hin argumentirt werden. Das war besonders bei den die Ubiquität der menschlichen Natur betreffenden Sätzen der Fall, wo die Reformirten aus den termini locus und homo stets gegen die lutherische Ubiquität argumentirten [1]. Es ist das Gebiet der quaestiones mixtae, die übrigens nicht mit den der natürlichen Theologie angehörigen späteren articuli mixti zu verwechseln sind. Für jenes verweist Gerhard auf Balth. Meisners philosophia sobria, wo sich die Sache I p. 25 ff. erörtert findet Meth. 114 [2]). Auch hier hilft der Satz von der μετάβασις εἰς ἄλλο γένος aus aller Schwierigkeit. In einer solchen quaestio mixta kommt natürlich alles auf die Verbindung der termini an, ob der philosophische oder der theologische für den Sinn der Verknüpfung massgebend sein soll, und es versteht sich ganz von selbst, dass in einem solchen Fall der philosophische terminus nach dem theologischen zu verstehen ist [3]). Das Umgekehrte wäre eine μετάβασις ε. α. γ. Ea dumtaxat disciplina de connexione rerum in controversis problematibus docere apta est, quae causam (sc. connexionis) novit. Causa autem cohaesionis sub-

---

[1]) In diesen Angriffen gibt sich lediglich der Unterschied des reformirten Dogmas vom lutherischen, nicht aber eine „dreistere Rationalität der Reformirten" Gass I 214 kund.

[2]) Diese Verweisung ist später zum Gegenstand einer Polemik zwischen dem Reformirten Vedel und Joh. Musäus geworden. Vgl. Joh. Musäus, De usu principiorum rationis et philosophiae in controversiis theologicis, Jena 1664 p. 186 ff., wo Musäus einen Unterschied zwischen Gerhard und Meisner behauptet und ersterem die strengere Ansicht zuschreibt. Die Differenz ist aber unwesentlich.

[3]) Ähnlich Gass I 212, der aber auch hier zu viel Tiefsinn in dieser äusserst einfachen Manipulation findet und daher nicht recht verständlich ist.

jecti praedicatique in conclusionibus theologicis non natura, sed scriptura est ..; haec principium unicum. Philos. sob. I 27. Mit Rücksicht auf das syllogistische Beweisverfahren für eine solche quaestio mixta lässt sich die Sache auch so ausdrücken, dass der über die conclusio entscheidende terminus medius des Schlusses der Theologie angehört, wie z. B. für die Frage „an corpus Christi in pluribus locis praesenter dominetur" der Begriff Christus ϑεάνϑρωπος der die beiden termini „corpus Christi" und „locus" zusammenführende terminus medius ist; da aber der terminus medius über die conclusio entscheidet, so hat die Theologie, der er angehört, auch allein die Kompetenz, über die Verbindung der Begriffe in der conclusio zu verfügen. Trotz der hochwissenschaftlichen Form ist auch hier die Prinzipienlehre nichts als das denkbar einfachste Mittel, jeden beliebigen Satz der Dogmatik gegen die Vernunft sicher zu stellen; es lässt sich nicht einsehen, welche dogmatische Behauptung durch sie etwa nicht gerechtfertigt werden könnte[1]).

Wirklich ins Gedränge kommt Gerhard erst bei jenen allgemeinsten Denkgesetzen, wie z. B. beim Satz des Widerspruches, deren Geltung auch für Gott zu leugnen, die doppelte Wahrheit statuiren hiesse XVIII 323 ff. III 154 und besonders Meth. 119 ff. Wurden in einer solchen quaestio mixta zwei sich widersprechende Begriffe, wie z. B. menschliche Natur und Illokalität, durch die Offenbarung vereinigt, so entstand die Frage, ob denn dann auch das Gesetz des Widerspruches in der Offenbarungssphäre nicht gelte, und die Reformirten verfehlten nicht, diese Konsequenz recht scharf zu urgiren. Hier gibt nun Gerhard die Geltung des Satzes vom Widerspruch auch für Gott zu, verwahrt sich aber gegen die Anwendung des Satzes auf irgend eine dogmatische Aussage mit folgendem Syllogismus: 1) Quae vere absolute et simpliciter sunt contradictoria, ea etiam absolute et simpliciter sunt impossibilia. 2) Atqui quae Deus in scriptura se facere posse asserit seque facturum promittit, ea non sunt absolute et simpliciter impossibilia. Alias periclitaretur veritas; si enim absolute impossibilia essent, quomodo Deus vere promitteret se illa praestiturum? 3) Ergo etiam ea quae Deus in scripturis sacris se facere posse asserit, .. non sunt vere,

---

[1]) Die Dienste, welche diese Prinzipienlehre den alten Theologen leistete, lassen sich daher ungefähr vergleichen mit denen, welche manchen modernen Theologen das sog. „Gemeindebewusstsein" leistet, nur dass die Leistungsfähigkeit des letzteren in seiner Nebelhaftigkeit liegt und eine immerhin begrenzte ist, während die der ersteren in ihrer entschlossenen Klarheit und Sicherheit liegt und für schlechterdings alle Bedürfnisse ausreicht.

absolute et simpliciter contradictoria XVIII 323; d. h. aus der blossen Tatsache, dass etwas in der Schrift steht, folgt um der Allmacht Gottes willen auch seine Widerspruchslosigkeit, man mag sie einsehen oder nicht. Zur Unterstützung dieses Beweises wird dann noch auf die Beschränktheit und Endlichkeit der Vernunft kräftig hingewiesen Meth. 119 ff. Das alles vermag freilich nicht zu verhindern, dass hier der wunde Punkt des gar zu bequemen und einfachen Systems grell zum Vorschein kommt [1]). Ein Vernunftgesetz, das zugleich gilt und doch auch nicht gilt, das, an sich durchaus rationell, plötzlich nicht mehr verständlich werden soll, das ist ein Ding, bei dem weder von Vernunft noch von Gesetz viel übrig bleibt. Es zeigt sich hier, wie die Scheidung beider Gebiete nach der theoretischen Seite rein quantitativ ist und also im letzten Grund trotz alles wissenschaftlichen Pompes lediglich auf Willkür beruht. Es ist daher auch nur eine Tat der Verzweiflung, wenn Gerhard seine Zuflucht zu der Distinktion nimmt: Distinguendum inter contradictionem logicae divinae seu Dei longe lateque captum nostrum transscendentis et contradictionem logicae humanae seu hominis captum humanum non transscendentis; inter res vel effata, quae sunt supra terminos logicae seu rationis nostrae, et ea, quae sunt intra terminos logicae nostrae et a ratione nostra percipi possunt Meth. 123.

Werden die beiden Sphären nun im einzelnen betrachtet, so handelt es sich nach „aristotelischer" Lehre um zweierlei, um das Objekt oder die materia derselben und um den dieselbe subjektiv auffassenden habitus animae [2]). Was die erstere betrifft, so besteht sie für die theologische Sphäre, wie bekannt, in dem grossen Wunderwerk des heiligen Geistes, in dem mit nichts auf der Welt zu vergleichenden, unmittelbar von Gott selbst verfassten, heiligen Buch. Beachtet man vorwiegend dessen Wirkung auf die Menschen, so erscheint es als efficax conversionis et salutis organum II 284 [3]). Die

---

[1]) Die späteren Dogmatiker trennen die principia philosophica absolute universalia von den princ. limitate universalia und behandeln die hier von Gerhard gestreifte Frage demgemäss principiell. Schmid p. 12 ff. F. C. Baur, Vorlesungen III 38 hat mit Recht darauf aufmerksam gemacht, dass an dieser Stelle die orthodoxe Prinzipienlehre ihre ganze Willkür und Gebrechlichkeit offenbart, desgleichen D. F. Strauss, Die christliche Glaubenslehre in ihrer geschichtlichen Entwickelung, Tübingen 1840 I 316.

[2]) Vgl. Melanchthon de anima CR XIII 143 und 166.

[3]) Vgl. ferner: Cumque finis legis et nucleus evangelii sit Christus, ideo τέλος σκοπιμώτατον, ultimus scopus adeoque centrum scripturae ... est Christus Jesus II 49. Christus est totius scripturae epitome ac centrum, α et ω, a quo omnia in scripturis incipiunt et in quo

Schrift hat keinen andern Zweck und keine andere Bedeutung, als uns durch die Kraft des heiligen Geistes wiederzugebären zum ewigen Leben. Kommt hingegen mehr dasjenige in Betracht, wodurch diese Wirkung hervorgebracht wird, die göttlich infallible Lehre, so ist sie die Sammlung der oracula divina, wie es unzählige Male heisst, summa doctrinae coelestis et praecipua illius capita II 331, das Kompendium der dogmata fidei, quorum notitia omnibus ad salutem necessaria est II 329, systema credendorum, faciendorum et sperandorum zum Zweck der institutio hominum ad salutem II 356, Sacrae tabulae ex Spiritus S. inspiratione conscriptae I 43, divinus codex XX 2. Denn auf die absolute Wahrheit der Lehre kommt alles an, wenn man auf sie das Heil der Seele gründen soll. Totus Christianismus nititur hoc fundamento, quod Spiritus S. per Prophetas et Apostolos ea, quae in scripturis legimus, annotarit I 45. Dazu II 351 u. ö. ἀσφάλεια vero locum habere nequit absque perfecta et sufficiente necessariorum ad salutem explicatione II 295. Dabei kommt es aber nicht auf die Vielheit der Artikel als solcher an, sondern nur auf deren Irrtumslosigkeit, da ein auch noch so kleiner Irrtum im Einzelnen die Wahrheit des Ganzen gefährden würde. Die Artikel selbst aber müssen immer wieder in ihrer Einheit und ihrer praktischen Bedeutung angesehen werden. Alle sind uns nur dazu gegeben, ut in quotidiana meditatione pie expendamus, und ultimus fidei nostrae articulus . . . . est vita aeterna, ad quam reliqui omnes tamquam ad τέλος σκοπιμώτατον . . . . referuntur XX 232. Daher setzt er, wie schon Chemnitz ermahnt hatte [1]), jedem Artikel die doctrina de usu bei, welche in ihrer häufig rührend einfachen und aufrichtigen Frömmigkeit allerdings Gerhards über das zeitgenössische Theologengeschlecht weit hervorragende Eigenart zeigt [2]).

Man pflegt meistens die in der ersten Gruppe von Aussagen bezeugte praktische Auffassung zu der in der zweiten ausgesprochenen doktrinären in scharfen Gegensatz zu setzen und die letztere als eine Korruption der ersteren anzusehen [3]).

---

omnia desinunt II 50. Tota scriptura nihil aliud est, quam perpetua consolatio piis sub cruce in hac vita ingemiscentibus proposita XX 113. Ähnlich II 114 und 332. Diese Betrachtung geht durch das ganze Werk hindurch und verleiht ihm überall eine wohlthuende Wärme.
[1]) In dem vierten Traktat, welcher der Ausgabe seiner Loci vorgedruckt ist. [2]) Vgl. Henke I 361. Gust. Frank, Gesch. der prot. Theologie I 371 ff.
[3]) Dorner 548 ff., vorsichtiger Kaftan 166.

Das ist aber doch nur scheinbar der Fall. Schon aus der bisherigen Darstellung tritt das beide verbindende Moment scharf hervor, das Interesse an der Gewissheit und Sicherheit der Lehre, von der unser Heil abhängt [1]. Vollkommenes Vertrauen ist nicht möglich, wenn man nicht von der unfehlbaren und allseitigen Wahrheit der religiösen Doktrin unerschütterlich überzeugt sein kann. Cum manna doctrinae conjunctus est ros gratiae divinae et Spiritus S. efficacia VI 124. Den Spruch Joh. 14, 6 „Ego sum via, veritas et vita" legt Gerhard so aus: via ratione meriti, quod vera fide amplectendum, veritas ratione doctrinae, quae fideli corde apprehendenda, vita ratione vitae, quae serio studio est imitanda; die Gefahren, welche das Disputationswesen durch beständiges hypothetisches Bezweifeln der Lehre mit sich bringt, glaubt er um des Interesses an der Wahrheit willen nicht fürchten zu dürfen [2]. Es ist die Grundfrage aller positiven Religion, die diesen Zusammenhang beherrscht, die Frage nach der Wahrheit ihrer Doktrin II 347, 351, 356, und diese Frage ist noch wichtiger als sonst in einer Kirche, welche, nicht zufrieden mit der Poesie des Cultus und der treuen Verrichtung kirchlicher Pflichten, jeden Gläubigen vielmehr an die sola fides verweist, welche daher ihren ganzen Cultus nahezu aufgehen lässt in unaufhörlichem Predigen und beim Unterricht blos das durch seine eigene göttliche Kraft wirksame Wort zur Kenntnis zu bringen sucht. Das Luthertum hat von Haus aus und seinem Wesen nach einen stark doktrinären Zug, der seinem praktischen unmittelbar religiösen Charakter durchaus nicht widerspricht, sondern vielmehr gerade durch diesen hervorgerufen ist, insofern nicht mehr ein vermittelndes Kircheninstitut, sondern die an jeden Gläubigen gerichteten Worte Gottes selbst ihm die Garantie der Wahrheit geben. Wenn gerade Gerhard durch seine Neubearbeitung der

---

[1] Vgl. dazu noch weiter die Stellen: fides historica und f. salvifica dürfen nicht in Gegensatz zu einander gestellt werden. Denn media et finis sunt subordinata, nequaquam igitur invicem opponenda VII 172. Vere credentium fides non est dubia quaedam et fallax opinio, sed opus Spiritus S., donum Dei et notitia omni humanae rationis ac sensuum indicio firmior, ex luce verbi in mente orta et immoto verbi fundamento imnitens VII 180. Verbum evangelii non solum est verbum veritatis sed etiam verbum gratiae et promissionis. Priori modo respicit illud fides, quatenus est notitia et adsensus, posteriori vero, quatenus est fiducia promissioni illi inhaerens VII 179.
[2] Aphorismi succincti, Jena 1611. Beides in der Vorrede. Aus ihr geht auch hervor, dass er die Gefahren einer intellektualistischen Behandlung des Glaubens sehr wohl kennt und persönlich empfindet.

Schriftlehre diesen Zug bis zur äussersten Konsequenz durch-
führte, so ist doch derselbe Gerhard auf der andern Seite
ausgezeichnet durch warme praktische Frömmigkeit; zu jener
Konsequenz drängte ihn der kirchliche Kampf, in welchem
die neue Kirche des reinen Gotteswortes mit der alten Kirche
der apostolischen Tradition und bischöflichen Succession stand.
Dieser Kampf hatte sich naturgemäss zu der Frage zugespitzt,
welche der beiden Kirchen die besseren Garantien für die
Wahrheit der religiösen Doktrin bieten könne. Das Regens-
burger Religionsgespräch 1601 [1]) hatte die Frage „quis sit
norma et judex controversiarum" zur Parole gemacht und eine
ganze Litteratur über diese Frage hervorgerufen [2]). Eine entscheidende Tat in diesem Streit ist Gerhards Exegesis per-
spicua, wo er in dem Hauptkapitel XXI de norma dogmatum
et controversiarum ausdrücklich die hier aufgerollte Frage
beantwortet II 345 ff. (Die Bezugnahme auf das Religionsgespräch II 355, schon früher I 32.) Auch er gibt zu:
regula ut sit una eaque certa, firma, invariabilis requiritur I 58,
und diese Regel darf nicht blos tote Norm sein, sondern
muss lebendige Autorität sein nach Aristoteles ἐπὶ τὸν διϰα-
στὴν ἰέναι ἔστιν ἐπὶ τὸ δίϰαιον, ὁ γὰρ διϰαστὴς βούλεται εἶναι
οιον δίϰαιον ἔμψυχον I 31. Aber er erkennt auch scharf
den hier obwaltenden Gegensatz: Ecclesiae nomine Romanenses
intelligunt summum pontificem. Eo enim ultima analysis hujus
assertionis nos deducit II 357. Dem aber setzen die Evangelischen die sich selbst auslegende, von der Kraft des heiligen
Geistes lebendig erfüllte, Schrift entgegen I 43. Qui scripturae autor, is supremus et authenticus ejusdem est interpres. Qui
condit legem, optimus et supremus legis est interpres ibid.
In der ausdrücklichen Absicht, den Gegensatz auf seine grund-
legenden Prinzipien zurückzuführen, prägt er ihn schliesslich
in den höchst charakteristischen Worten aus: Breviter
quod illis est pontifex ex cathedra pronuntians, id nobis Spiritus S. in scripturis loquens I 56. Damit ist in der Tat

---

[1]) Hierüber Henke I 66; Gottfried Arnold, Kirchen- und Ketzer-
historie Frankfurt 1699 II 458. Von modernen Historikern wenig
beachtet (bei Janssen fehlt es ganz), hat dasselbe doch für die Zeit
grosse Bedeutung gehabt wegen der hier formulirten Streitfrage.
Vgl. Musäus de Principiis p. 10 ff.; Corn. Martini, Analysis logica,
Helmstedt 1619 p. 178 und 183 ff. Als entscheidend für die protestantische Theologie erscheint dasselbe bei Elswich 75; von Braun-
schweig aus war Cornelius Martini zu demselben gesandt Brucker
IV 320; vgl. auch Gust. Frank, Gesch. d. prot. Th. I 420.
[2]) Verzeichnet bei Werner, Franz Suarez und die Scholastik der
letzten Jahrhunderte, Regensburg 1861 I p. 53.

die Situation scharf bezeichnet. Als Schriftkirche und Papstkirche stehen sich beide gegenüber. Was der einen die Lehre
von der Schrift leistet, das soll der andern die von Papst und
Kirche leisten, die Garantie der Wahrheit, und es ist nur
natürlich, dass sich beide Lehren im Lauf des Streites ver-
schärfen. Die Analogie in der Entwicklung des jesuitischen
Papalsystems und der orthodoxen Inspirationsdoktrin ist unver-
kennbar und lässt sich weithin verfolgen. Ist es der Stolz
der Jesuiten, in der Entscheidung des ex cathedra redenden
Papstes eine lebendige, allen Bedürfnisfällen gewachsene,
Autorität gegenüber der toten, jeder Willkür der Auslegung
preisgegebenen, der Protestanten nachgewiesen zu haben [1]), so
sehen diese alle derartigen Anforderungen in noch viel höherem
Masse durch ihre Fassung der Autorität erfüllt, durch die
absolute Göttlichkeit der Schrift, an der schlechterdings nichts
Menschliches haftet wie an der katholischen Tradition, durch
die genaue, allen Laien gleich einleuchtende, Deutlichkeit der
heilsnotwendigen Artikel, die den Gläubigen unabhängig macht
von aller priesterlich-menschlichen Vermittelung, durch die
innere bekehrende Gotteskraft, welche dem Wiedergeborenen
bei aller Anfechtung stets wieder die Wahrheit der Lehre im
Herzen versiegelt I 31 33. Stellen jene in der bekannten
ungeschichtlichen Weise die hierarchisch-kirchliche Organisation
als direkte Fortsetzung des Werkes Christi und der Apostel,
als die Inhaberin der von diesen zurückgelassenen Traditionen
und Heilskräfte, dar, so beschreiben die Lutheraner in derselben Weise die Schrift, deren geschichtliche Seite als materia
zu völliger Gleichgiltigkeit herabgesetzt wird II 50, während
der heilige Geist als forma und Gott als unmittelbare causa
efficiens ihr eigentliches Wesen als „Brief Gottes an die
Menschen" konstituiren II 17 I 31. Gilt jenen der Papst
als Stellvertreter Christi, der unter der Leitung des heiligen
Geistes jederzeit der grossen Kirche des Herrn die Wahrheit
in Sitte und Glaube vorschreiben kann, so ist diesen die
immerdar an sich vom heiligen Geist erfüllte Schrift gewisser-
massen eine zweite, dauernde Inkarnation Gottes [2]), die jeder
in jeder Not als die in der Kirche tönende Stimme Gottes
befragen kann, und der allein es auch die Genossen der feind-
lichen Kirche zu danken haben, wenn etliche zur Seligkeit
der wahren Kirche gelangen I 18 ff. Hat schliesslich die
römische Auffassung ihre Ergänzung im kanonischen Recht

---

[1]) Werner, Suarez I 159. [2]) Vgl. II 7, wo der λόγος Christus
als verbum internum und die Schrift als verbum externum in tempore
zusammengestellt werden. Dazu I 31 und II 426 usus.

und der Lehre vom Staat, so hat die orthodoxe Schriftdoktrin einen nicht minder wichtigen Unterbau in dem ordo triplex hierarchicus, der die allgemeinen Lebensfunktionen der menschlichen Gesellschaft in ihrer Beziehung auf das Erlösungswerk der Schrift derart ordnet, dass der Hausstand als seminarium ecclesiae für die „Vervielfältigung des menschlichen Geschlechtes" sorgt, der politische Stand als vallum et propugnaculum ecclesiae die reine Schriftlehre schützt sowie als Wächter der disciplina externa die Individuen für die Einwirkung des Wortes bereit stellt, und der kirchliche Stand endlich als Diener am Wort dieselben hineinführt und überpflanzt in das himmlische Paradies (XII zweiter Teil p. 2 ff., auch XIV 40 ff.). Es handelt sich in beiden Fällen um dasselbe, um den Besitz der Quelle, aus der alle religiöse Wahrheit fliesst, um die Grundlage der kirchlichen Existenz, und in diesem Sinn ist die Schrift für die Protestanten nicht blos principium cognoscendi, sondern als medium gratiae zugleich das principium essendi[1]). Illa (script.) est ecclesia prior ejusque principium et causa, illa nos instruit eum demum coetum pro ecclesia habendum esse, qui normam et ductum verbi sequatur II 356.

Hier ist zugleich an den protestantischen Kanonbegriff zu erinnern. Erst der Protestantismus hat einen streng geschlossenen Kanon, wenigstens was das alte Testament betrifft. Im neuen Testament lagen freilich Unklarheiten vor, die aus der eigentümlichen Subjektivität der lutherischen Anschauung oder genauer aus ihrer einseitig paulinischen Haltung entsprangen, bald aber auch zu historisch-kritischen Bedenken in Beziehung gesetzt wurden. Nachdem vor allem Chemnitz sich um Klärung und Fixirung dieser Frage bemüht und durch Abgrenzung und historisch-begriffliche Bestimmung einer Gruppe „neutestamentlicher Apokryphen" die Gefahr der Unsicherheit vermindert hatte[2]), nahm Gerhard in seiner bisher geschilderten Neubearbeitung der Schriftlehre dieses Problem in direkter Anknüpfung an Chemnitz wieder auf und beseitigte

---

[1]) Auf diese doppelte Stellung der Schrift macht Gass I 239 aufmerksam, ohne auf die innere Beziehung beider Gesichtspunkte einzugehen; mehr geschieht das bei Dorner 549, der die Schrift mit Recht zum „materialen Prinzip" werden lässt. Vgl. 554, wo er die Vergöttlichung der Schrift mit der katholischen Vergöttlichung der Kirche zusammenstellt, auch die Ausführung bei Strauss, Glaubenslehre I 132 ff. und Holtzmann, Kanon und Tradition 1859 p. 49.

[2]) Vgl. Holtzmann 33 ff. 152 ff. Nullum dogma ex istis libris exstrui debet, quod non habet certa et manifesta fundamenta et testimonia in aliis canonicis libris. Das ist aber nichts anderes als die Durchsetzung des strengen Kanonbegriffes gegen die Gefahren der Subjektivität.

die Gefahr vollends, indem er den Unterschied protokanonischer und deuterokanonischer Schriften, wie er sie lieber nannte, auf den von Bekanntheit und Unbekanntheit des menschlichen, sekundären Autors reduzirte und demgemäss die ganze Unterscheidung als eine rein äusserliche, nur docendi causa zu erwähnende, bezeichnete II 184 ff. Dabei ist es in der Folge geblieben, wo nicht der Unterschied gänzlich geläugnet wurde. Das ist aber nur konsequent. Gerhards Lehre vom Kanon ist nur die Folge seiner Lehre von der Schrift, wie diese die Folge der kirchlichen Lage ist. Liegt freilich einerseits der Unmittelbarkeit und Innerlichkeit evangelischer Frömmigkeit immer eine freiere Stellung zum Kanon nahe, so drängt andrerseits gerade der Mangel aller menschlich-kirchlichen Wahrheitsgarantien zu einer rein supranaturalen und darum bestimmt gegen alles Profane abgegrenzten Autorität. Der Kanonbegriff der lutherischen Kirche befriedigt dieses Bedürfnis in unüberbietbarer Weise; die Schrift, welche der unmittelbar produzirende Entstehungs- und Lebensgrund der Kirche ist, muss ein inspirirter Kanon im strengsten Sinne sein. Wenn man hierin gerne einen Rückfall der evangelischen Anschauung in katholische Tendenzen sieht, so ist doch zu beachten, dass dieser Kanonbegriff gegenüber dem katholischen durchaus etwas Neues ist. Der katholische Kanon ist stets ein Glied der grossen kirchlichen Traditionskette, ein Stück des weltumfassenden, kirchlichen Rechtsinstitutes, fortzeugend und von ähnlichen andern Stücken des Kircheninstitutes umgeben, das Eigentum der Kirchenleitung, die allein diesen Reichtum zu übersehen und zu verwalten hat. Der protestantische Kanon ist eine völlig isolirte, rein supranaturale, aus der obern Welt in die profane hereinwirkende Grösse, weder nach vorwärts noch nach rückwärts mit irgend etwas verbunden, der alleinige und unmittelbar von Fall zu Fall wirkende Urheber der Kirche, das unentbehrliche Requisit jedes einzelnen Christen, der nur als treuer Bibelleser ein Mitglied der Kirche zu sein hoffen darf. Das sind zwei grundverschiedene Dinge[1]. Eine Ähnlichkeit findet nur in Bezug auf die Motive statt, die in dem einen Fall das infallible Kircheninstitut, im andern die protestantische Schriftlehre geschaffen haben, die aber immer und überall jeder Religion eingeboren sind.

Besonders deutlich wird dieser Zusammenhang durch einen

---

[1] Dieser Unterschied wird auch stets von den Katholiken scharf hervorgehoben. Vgl. Holtzmann p. 4 und 8. Wenn das Tridentinum schärfer scheidet zwischen Kanon und Tradition, so ist das nur eine Rückwirkung des Protestantismus ibid. 25 ff.

vergleichenden Blick auf den andern grossen Theologen des
Zeitalters, Georg Calixt. Mit vollem Recht stellt Henke für
die Wendung, welche die Prinzipienlehre bei diesem scharfen
und hellen Geist genommen hat, ebenfalls den kirchlichen Kampf
als Ausgangspunkt fest [1]). Im Ganzen mit der allgemeinen
lutherischen Prinzipienlehre völlig einverstanden, erkennt er doch
die Unmöglichkeit, das angestrebte Ziel, die absolute Klarheit
und Sicherheit der Lehre, durch eine solche Kanonisirung des
ganzen biblischen Stoffes für erreicht zu halten, da auch dann noch
die Subjektivität der Auslegung und die Eigenart des patristischen
Dogmas unüberwindliche Schwierigkeiten bereiten, und so das
Fundament der Kirche durch endlose Lehrstreitigkeiten gefährdet ist. Zugleich erkannte er, dass damit die lutherische
Kirche in bedenklicher Weise aus der geschichtlichen Conti-
nuität der grossen kirchlichen Entwickelung heraustrete. Er
suchte daher diesen Schwierigkeiten dadurch zu entgehen, dass
er aus der inspirirten Schrift ein von jedem zu verlangendes,
unerlässliches Minimum von gemein-kirchlicher Doktrin aus-
schied und das Übrige der gelehrten Controverse anheimgab;
für die Ausscheidung aber und Fixirung dieses Minimums zog
er die altkirchliche Tradition heran. Hieran ist deutlich, wie
das Bestreben, der Schrift die Qualitäten des Papstinstituts
zuzuwenden, um der Schwierigkeit der Durchführung willen
zu immer engerem Anschluss an das römische Vorbild nötigt [2]).
Die Analogie beider Lehrbildungen mündet hier in direkte
Berührung aus, ein Beweis für die innere Verwandschaft der
beiderseitigen Ansätze. Dennoch wird man in all dem nicht
blos eine Rückwirkung spezifisch katholischer Eigentümlichkeiten
erkennen dürfen, sondern vielmehr die Wirkung eines allgemeinen religionsgeschichtlichen Gesetzes, dem zufolge zwischen
den doktrinären Elementen einer Religion und ihrem praktischen Wesen als Lebensmacht und Heilsgut einerseits eine
unlöslich enge Verbindung, andererseits aber auch eine nie
ganz zu beseitigende Antinomie besteht. Die Papstkirche und
die Schriftkirche stellen diesen Zusammenhang und diese Antinomie nur in verschiedener Weise dar, jene in einem mäch-
tigen welthistorischen Institut, diese in einer Theorie. Den
engen Zusammenhang von Doktrin und Praxis gerade in der
letzteren bezeugt eben derselbe Calixt, der neben seinem ur-
doktrinären Gedanken von einem Lehrminimum zugleich ein
hervorragend lebhaftes Gefühl für die Eigenart der Religion

---

[1]) Henke I 442 ff.   [2]) Auch Calixt bezeichnet mit aller Schärfe
Papsttum und Schrift als die konkurrirenden Grössen Gass II 117,
Holtzmann 44 ff.

gegenüber dem Intellekt besass [1]). Die beiden Häupter lutherischer Gelehrsamkeit, Gerhard und Calixt, stimmen nach beiden Richtungen völlig überein, weshalb Henke auch mit Recht sie als „geistesverwandt" bezeichnet [2]); nur die Beurteilung der der lutherischen Schriftdoktrin entgegenstehenden Schwierigkeiten ist verschieden.

Es ist daher nur selbstverständlich, dass die gleiche Doppelnatur auch dem dies Objekt auffassenden habitus animae, der fides, anhaftet. Die Definition derselben als notitia, assensus, fiducia ist bekannt; es kommt hier nur darauf an, diese Definition als technisch-wissenschaftliche nach den Regeln „aristotelischer" Psychologie zu begreifen. Ganz allgemein fällt die fides unter die Kategorie der apprehensio. Joh. 1₅ VII 234. Näher aber unterscheidet sich die fides von allen andern Geistestätigkeiten, insofern diese je einem Seelenvermögen, der potentia intellectiva oder der p. voluntatis, angehören, die fides aber als komplizirte Grösse beiden angehört [3]). Über die Bedeutung des Intellekts hiebei geben folgende Stellen Auskunft: *Πᾶσα ἀπόδειξις* est ex *προϋπαρχούσης γνώσεως* teste Aristotele in frontispicio post. anal. Ergo fides ex praeexistente cognitione . . . Fides est fiducia, ergo et notitia, quia in rem ignotam non potest ferri fiducia. Fides nos in corde certos, pacatos et quietos reddit, utique ergo requiritur, ut fundamentum, cui innititur, perspectum atque cognitum habeat VII 77. Ebenso VII 97. Die fides ist also eine aus den beiden Seelenvermögen, intellectus und voluntas, zusammen konstruirte Grösse, und diese teilweise Konstruktion aus dem Willen soll wohl ungefähr dasselbe besagen, was wir in der Sprache moderner Psychologie als Gefühl bezeichnen, wofür aber jene alte Psychologie kein Wort darbot [4]). Der Zweck des Begriffes assensus ist

---

[1]) Henke I 290 ff.   [2]) Henke I 491.

[3]) Duplex ergo cum sit apprehensio, alia cognitionis in intellectu, alia fiduciae in voluntate, utramque dicimus fidem includere VII 234. Respectu notitiae et assensus refertur (fides) ad intellectum atque objecti loco habet omne et solum verbum Dei in scripturis . . nobis revelatum, respectu fiduciae refertur ad cor sive voluntatem atque objecti loco habet promissiones evangelicas de Christo mediatore VII 75 ff.

[4]) Die Worte sensus und sentire werden oft gebraucht, sind aber kein wissenschaftlicher Terminus. Daher ist die Bemerkung A. Ritschls, Geschichte des Pietismus, Bonn 1880 I 93. dass der Doktrinarismus aus der mangelhaften Schätzung des Gefühlslebens entsprungen sei, wohl etwas einzuschränken. Auch die Beurteilung dieser Definition Fides implicita p. 96 scheint mir das Gefühl Gerhards für die praktische Eigenart des Glaubens doch zu unterschätzen. Vgl. Ex qua sententia (Ebr. 6, 11) facili negotio colligi potest, *πληροφορίαν* fidei non

hiebei der, ein Mittelglied zwischen den beiden Seelenvermögen zu bilden [1]). Durch diese künstlich zusammengesetzte Gestalt erscheint die fides in einem scharfen Unterschied von den einfachen Seelenfunktionen der Vernunftsphäre. Wie streng wissenschaftlich aber diese Konstruktion gemeint ist, erhellt aus der Antwort auf die katholischen Angriffe, die eine solche aus zwei Seelenvermögen gemischte Funktion für ein wissenschaftliches Unding erklären VII 95 ff. [2]). Demgegenüber wird erst allerdings auf die Schrift verwiesen, dann aber wird die doppelte Konstruktion auch noch eingehend aus den philosophischen Autoritäten, Scaliger und den Conimbricenses, und sogar aus Thomas als Zeugen wider Willen gerechtfertigt.

Bei alledem ist die notitia nicht mehr als Mittel zum Zweck, blosse Basis für die eigentlich religiöse Funktion. Forma et quasi anima fidei justificantis est fiducialis Christi cum omnibus beneficiis in verbo evangelii oblatis apprehensio VII 84 [3]). Daher soll alle Theologie praktisch und einfach sein, nicht intellektualistisch, wie es die Scholastik war III 217 223 [4]). Denn der Glaube ist lediglich notitia spiritus VIII 172

tantum ad mentem pertinere, sed etiam complecti illos motus animi, qui ex certa persuasione consequuntur. Spem enim in voluntate esse omnes fatentur VII 98.

[1]) Quinimmo ut fides captivat intellectum, ut assentiatur articulis fidei, licet cum ratione humana pugnare videantur, ita quoque convincit et captivat quasi voluntatem, ut superatis omnibus dubitationibus promissiones evangelicas firma fiducia amplectatur, licet sensui carnis nostrae videantur repugnare VII 100.

[2]) Vgl. auch die Anmerkung Cottas hiezu. Darnach folgt Gerhard dem Meisner in der genauen Begründung dieser Konstruktion auf die zwei subjecta perfectionis, intellectus und voluntas.

[3]) Vgl. ferner: Vere Deus cognoscitur ac nomen ejus glorificatur, si divinam ipsius sapientiam, misericordiam, justitiam, potentiam ac veritatem, quae sunt ipsa Dei essentia, in verbo evangelii relucentem agnoscamus VI 131 ff. Vera fides Christum intuetur, ut propitiatorium a Deo propositum, ut victorem mortis et ducem vitae, immo ut eum, in quo est vita aeterna VII 180. Ähnlich VII 205 und 182. Christus in verbo et sacramentis suam gratiam et animae nostrae medicinam nobis adfert, illis sese quasi vestivit, in illis vult quaeri et inveniri XVII 127. Solche Stellen liessen sich noch viele anführen. Aus den Meditationen erhellt, dass sie ganz so warm und lebendig gemeint sind, wie sie lauten.

[4]) Vgl. hiezu noch III 72: Ut ergo practica Dei definitio a charitate petitur, ita etiam practica ejus cognitio in charitate consistit. Nihil quicquam prodest substantialem illam charitatem non amare. Omnia Dei opera et beneficia generi humano exhibita eo unice spectant, ut ad amandum Deum nos alliciant ... Plus quam ferrea igitur oportet esse corda, quae tanti amoris igne non molliuntur, ut Deum creatorem, Deum reparatorem, Deum sanctificatorem diligant. Vgl. auch die Vorrede zu den Meditationes sacrae, wo mit den Aus-

V 172, spiritualis σύνεσις VII 150 79, er sieht nicht auf
das „Wie‟, sondern nur auf das „Dass‟ seines Gegenstandes
und unterscheidet sich gerade dadurch vom natürlichen Erkennen VII 78 ff. Er ist das Gegenteil des Zweifels und
des Misstrauens gegen Gott, die in der natürlichen Sphäre
herrschen, die Erfüllung der ersten Tafel des Gesetzes VII
115. Ubi non est dilectio nec mundi victoria nec cordis
puritas nec interior renovatio et cum Christo unio, ibi etiam
vera fides non habet locum. Monendum tamen haec omnia
intelligenda esse adhibita distinctione inter notitiam literae ac
Spiritus, inter fidem consideratam ratione notitiae et ratione
fiduciae etc. Meth. 21, und so kann es auch heissen vera theologia in affectu potius quam in nuda cogitatione consistit
Meth. 20 ¹). Daher ist der Glaube jene in der zweiten Schöpfung
geschaffene lux spiritualis, durch das Wort geschaffen wie einst
das erste Licht (II 342 und öfter), eine Geisteskraft, die aus
dem misstrauischen Feind Gottes (VIII 15) ein ihm bedingungslos
vertrauendes Kind macht V 102 197 ff.

Ist so der Glaube das Prinzip eines neuen geistlichen
Lebens, so ist er auch zugleich ein Vorspiel des ewigen Lebens
Meth. 5, er wird im Jenseits nicht aufgehoben, sondern vol-
lendet werden ²). Wie vom Glauben, so gilt von dieser vollen
Gotteserkenntnis Deum cognoscere est diligere XVIII 19, und
wie hier, so besteht auch dort der Glaube in gemeinsamer
Funktion von Intellekt und Wille ³). Daher wird die wissen-

---

drücken der humanistischen Theologie wie bei Melanchthon und
in direkter Berufung auf Erasmus die spinosae quaestiones getadelt
werden und die πρᾶξις hervorgehoben wird. Non in verbis, sed in
factis res nostrae religionis consistunt. Multum ubique scientiae, conscientiae parum ... Digladiamur sine fine, quid distinguat Patrem a
Filio et utrumque a Spiritu Sancto, res an relatio, et qui consistat
tres dici, quorum nullus sit qui alius, cum sint una essentia. Quanto
magis ad rem pertinet, hoc modis omnibus agere, ut Trinitatem illam,
cujus majestatem scrutari fas non est, pie sancteque colamus et ado-
remus etc. In dem pointirten Stil dieser Sätze gibt sich zugleich der
litterarische Charakter des Zeitalters zu erkennen, der überall, wo man
überhaupt dem Stil Aufmerksamkeit schenkt, als Nachhall des Humanismus erscheint.

¹) Dagegen aber auch andere Sätze wie: theologia est oraculorum
divinorum cognitio II 1. Beides verträgt sich durchaus in Gerhards Sinn.

²) Fidei sane, ut est cognitio in speculo, succedet manifesta visio
nec amplius occupata erit fides in apprehensione promissionis evan-
gelicae de peccatorum remissione, interim tamen lux notitiae et fiducia
in voluntate non abolebitur, sed perficietur VII 306. Vgl. VII 312.

³) Quo perfectior erit summi boni cognitio, eo etiam perfectior
erit ejusdem dilectio ... Adde quod ex cumulatissima omnium bonorum
abundantia divinitus in se collata et ex intimo amoris sensu beati evi-

schaftlich-psychologische Bestimmung des ewigen Lebens mit
Hilfe Scaligers gegen Thomas dahin getroffen, quod utriusque potentiae, intellectus scilicet ac voluntatis, respectu beati-
tudo aeque principaliter et immediate electis competat, quia
utriusque ratione Deum possidebunt, per claram scilicet visionem,
quae est intellectus, et per firmam adhaesionem ac fruitionem,
quae est voluntatis XX 460. Doch zeigen die bereits
angeführten Stellen, dass auch hier die intellektuelle Funktion
nur Mittel zum Zweck der religiösen ist. Daher heisst es
auch hier: Ergo in amore potius quam in visione summum
beatorum bonum consistit; die Hauptsache ist der himmlische
Hausfriede, wo Gott wie ein paterfamilias familiariter cum
suis in domo conversatur (XX 295), die Reinheit des Herzens
von aller Sünde (VII 312 VII 295), die suavissima con-
sociatio cum beatis (XX 447). Vigebunt inter sanctos perpetua et jucundissima colloquia de passionis dominicae fructu,
aeterna scilicet beatorum glorificatione, ac de aliis fidei nostrae
mysteriis, ad quorum perfectam agnitionem in hac vita adspirare
nondum potuerunt ibid. Diese · Gespräche würde man sich
wohl in der Art der Gerhardschen Meditationen zu denken
haben, wie er solche auch dem locus de vita aeterna voll er-
greifender Wärme und Naivetät beigegeben hat. Zeigt sich
hierin freilich die Eigenart Gerhards, des Schülers und Freundes
Joh. Arndts, so wird man doch in den Ausführungen über
fides und vita aeterna als Ganzem das Ideal der Religion
finden dürfen, wie es in der eigentümlichen Verbindung des
doktrinären und praktischen Momentes von der orthodoxen
Schriftkirche überhaupt ausgebildet worden ist[1]).

---

denter cognituri sunt, se a Deo in summo gradu diligi, ideo ipsum
quoque in summo et perfectissimo gradu amabunt, ex quo amore erga
Deum etiam amor erga proximum orietur, quem in Deo et sub Deo
diligent XX 413. Quia beatus nemo dici potest, nisi bona quibus
adfluit, intelligat cognoscat ac velit, ideo beatitudinis nomine intelli-
gitur, quod electi suam beatitudinem agnoscant per intellectum,
summe ament per voluntatem, quiete et pacate in ea acquiescant per
cordis affectum, ex qua acquiescentia oritur summum illud et ineffabile
gaudium, quo Deo tamquam summo et infinito bono fruuntur XX
365. Ferner: Haec pax animarum non est iners otium vel veternus
aliquis, sed tranquillitas laetitia et pax conscientiae in Deo exul-
tantis, ab omni dolore et pavore liberatae, Dei luce fruentis et Deum
celebrantis, ut infra plenius docebitur XVIII 8.

[1]) Die Belege sind so ausführlich mitgeteilt, da Kaftan a. a. O.
in sehr bestechender Weise den Versuch gemacht hat, hierin das my-
stisch-rationalistische Religions- und Erkenntnisideal des Katholizismus
nachzuweisen. Es scheint mir das aber unmöglich, weil die praktische
Färbung nicht mystisch, die doktrinäre nicht rationalistisch ist, sondern
das ganze Interesse nur auf die volle Wahrheit der Glaubensobjekte

Als letzte Frage in Betreff der theologischen Sphäre ist schliesslich noch zu untersuchen, durch welche Gründe etwa diese isolirte Stellung der Offenbarung im Erkenntnisgebiet und des Glaubens im Seelenleben gerechtfertigt oder etwa aus einer obersten einheitlichen Anschauung abgeleitet wird. Allein hierauf findet sich bei Gerhard so wenig als anderswo eine Antwort; die Schrift und die Philosophie waren beide vorhanden und brauchten nicht mehr abgeleitet zu werden, es bedurfte nur einer die Dignität der Schrift erklärenden Inspirationslehre [1]) und ausserdem einer Prinzipienlehre, welche die vorhandene Philosophie für die so bestimmte Offenbarung zu gleicher Zeit nutzbar und doch auch unschädlich machte. Was sich sonst etwa findet, sind nur gelegentliche Bemerkungen ohne prinzipielle Bedeutung, wie z. B. die Ableitung der Offenbarung aus dem Bedürfnis geistlicher Neubelebung (Meth. 5 und 24, II 283), oder die Anspielung, dass rationale Unbegreiflichkeit überhaupt zum Wesen der Offenbarung gehöre (II 343 III 3), dass es der Natur Gottes entspreche, sich an die vernünftigen Geschöpfe mitzuteilen (II 3), oder die Andeutung, als ob der Trennung eine verborgene höhere Einheit zu Grunde liege (XVII 29 ff.). Man erkennt auch hier, dass es gerade zu den Grundeigentümlichkeiten der ganzen bibliko-aristotelischen Gelehrsamkeit gehört, keiner einheitlichen Gesammtauffassung zu bedürfen, das isolirte Einzelne nach den

gerichtet ist, der Glaube und die Seligkeit selbst aber überall dem Willen und Gewissen angehören. Dass daneben eine gewisse Freude an der Erkenntnis der „göttlichen Geheimnisse" sich geltend macht, ist bei der Voraussetzung der Möglichkeit objektiver Erkenntnis nur natürlich, nicht spezifisch scholastisch. Auch dass die Theologie als Weg zur Seligkeit erscheint (Kaftan p. 161 ff.), ist unverfänglich, da diese Theologie nicht in Erkenntnis der letzten Gründe des Seins, sondern in Kenntnis der Glaubensobjekte besteht und so allerdings für Theologen und Laien gleich nötig ist. — Auch der Dualismus der Erkenntnislehre oder das Autoritätsprinzip stammt lediglich aus dem Bedürfnis nach Sicherstellung der Glaubensobjekte, nicht aus dem nach übernatürlicher Erkenntnis, ist daher gegen die scholastischen Theorien indifferent. Der Thomismus wird als Rationalismus scharf verurteilt. Die Ähnlichkeit, die Kaftan mit diesem konstatirt (p. 153), besteht nur in der Festhaltung der Einheit der Erkenntnis; allein bei den Orthodoxen beruht diese Einheit ausschliesslich in der Coexistenz zweier qualitativ streng geschiedener Erkenntnissphären, nicht in der prinzipiellen, nur empirisch getrübten, Identität alles Erkennens. Im übrigen ähnelt ihre Theorie am ehesten dem Nominalismus; doch fehlen gerade die Eigentümlichkeiten desselben, seine erkenntnistheoretischen und besonders metaphysischen Voraussetzungen, völlig, und durch den Satz vom verus usus philosophiae wird er direkt abgewiesen.

[1]) So auch Kaftan 149 ff.

erlernten Regeln zu verteidigen und so alle Konflikte ohne
ein inhaltlich bestimmtes Prinzip nur stets von Fall zu Fall
zu schlichten, in allem übrigen sich aber der klaren, hellen
Gottesstimme des heiligen Buches zu getrösten, das in jeder
heilsnotwendigen Frage Auskunft gibt, ohne dass man deren
Wahrheit durch Ableitung oder durch Ausgleichung mit an-
derem zu erhärten brauchte.

Etwas kürzer fassen kann sich die Betrachtung der philosophischen Sphäre, für die man sich von vornherein die
ganze Enzyklopaedie der Artistenfakultäten mit ihren Disziplinen [1]) und Kompendien, sowie einige einflussreiche Werke der
auswärtigen Litteratur zu vergegenwärtigen hat. Gerhard hat
sich dieselbe in vollem Umfang angeeignet, natürlich ohne jede
besondere Originalität. Es handelte sich ja in der Philosophie
nicht weniger als in der Theologie lediglich um kunstgerechte
Bearbeitung gegebener Stoffe, um Lernen und Lehren, nicht
um Produziren, und für Aristoteles sowie für andre Autoritäten
wagte man ebenfalls eine gewisse Inspiration anzunehmen [2]).
Innerhalb dieser Grenzen hat Gerhard dennoch sehr folgenreich
auch in die philosophische Entwickelung eingegriffen, insofern
er die neu aufkommende Metaphysik für die Theologie rezipirte und somit die Weiterentwickelung der Philosophie theo-
logisch sanktionirte. Davon wird später die Rede sein. Hier
ist nur soviel zu sagen, dass auch seine philosophischen Studien

---

[1]) Ein Abriss derselben Meth. 93 ff., Meisner, Phil. sob. I 22 ff.
Keckermann, Systema Systematum, Hanau 1613 II 6 ff. Calixt, Apparatus 15—34. Jakob Martini, Paedia seu prudentia in disciplinis gene-
ralis, Wittenberg 1631 p. 705 ff. und Vernunftspiegel Buch II.
Jakob Thomasius, Philosophia instrumentalis et theoretica, Leipzig
1705. Buddeus, Isagoge, Abschnitt de propaedeumatibus theologicis
93 ff. Mit Vorsicht sind auch noch Morhofs Polyhistor, Lübeck 1705
und Reimmanns Einleitung zu benützen. Mit geringen, später zu
erwähnenden, Unterschieden ist der Bestand der Disziplinen in diesen,
fast ein Jahrhundert umfassenden, Darstellungen unverändert geblieben.
Von auswärtigen kommen besonders die italienischen Peripatetiker und
die jesuitischen Kommeutatoren des Aristoteles in Betracht. — Für
Reimmann erscheinen als Früchte des Fakultätsbetriebes die bisher für
jede angefertigten Litteraturverzeichnisse, und was ihm als Krone des
Ganzen noch fehlt, das ist eine Enzyklopädie der Enzyklopädieen und
eine Litterargeschichte der Litterargeschichten! I 17.

[2]) Elswich 82, der von einem berühmten Mann berichtet, er habe
das ὄργανον des Aristoteles als θεοπνεύστως scriptum bezeichnet;
ferner Henke I 29. Die Darstellung, welche Ranke, Deutsche Gesch.
V 338 ff. von der Wissenschaft des nachreformatorischen Zeitalters
gibt, sucht die spärlichen selbständigen Regungen auf und gewährt
insofern ein etwas anziehenderes Bild. Kepler, Jungius, Tassius, Amos
Comenius sind allerdings nicht zu vergessen.

das gewöhnliche Mass überschritten zu haben scheinen [1]). So
hat er vor Beginn der theologischen Semester in Wittenberg
den ganzen philosophischen Kursus absolvirt, totius philosophiae
encyclopaediam, lectiones, disputationes et collegia philosophica
gnaviter absolvit, wie sein Leichenredner Feuerborn sagt [2]).
Zu den öffentlichen Kollegien fügte er eine grosse Anzahl
privater hinzu, Logik und Ethik hörte er mehrfach. Durch
eine physikalische und anthropologische Disputation bewies er
den glänzenden Erfolg seiner Studien, seinem Privatfleiss dankte
er ein starkes Kollektaneenheft, das er aus den berühmtesten
Commentatoren des Aristoteles zusammengestellt hatte, und von
dem uns wohl in seinen locis noch manches erhalten ist
(Fischer 17 ff.). Darauf machte er 1603 in Jena das Magister-
examen und las sofort collegium logicum Aristotelicum, drei
Monate darauf Politik, später Metaphysik, wie üblich, nach
fremden Heften [3]), während er daneben Theologie weiter studirte
(Fischer 27 ff.). Auch nachdem er seine theologischen Studien
nach Marburg verlegt hatte, fuhr er fort, zugleich als Magister
philosophische Lekturen zu halten, und erteilte daneben 3½
Jahre lang seinem Schüler Rauchbar Unterricht im ganzen
philologisch-philosophischen Kursus mit Einschluss des systema
metaphysicum. Im Jahre 1605 wurde er Adjunkt der philosophischen Fakultät in Jena und setzte in dieser Mittelstellung
zwischen Professor und Privatdozent [4]) seine philosophische
Lehrtätigkeit fort, bis er 1606 als Prälat nach Heldburg be-
rufen wurde (Fischer 45 ff.).
Dieser Studiengang zeigt seine eingehende Beschäftigung
mit der Philosophie, er zeigt zugleich den ganzen Kreis der
philosophischen Sphäre. In Wittenberg hörte er Rhetorik und
Logik, Mathematik, Physik und Anthropologie, Ethik und
Historie. Ganz dementsprechend beschreibt er den Umkreis
der Disziplinen in seiner Methodus (p. 93) [5]), wobei er den philo-

[1]) Das geht auch aus seinem interessanten Testament von 1603
hervor, wo er seine Kollegen um Verzeihung bittet, wenn er etwa
„zu viel speculationibus philosophicis indulgirt" hätte. Fischer Vita 35.
[2]) Im Anhang zu Joh. Gerhardi Patrologia, Jena 1653 p. 27.
Das war keineswegs gewöhnlich Tholuck, Ak. Leben I 231 ff.
[3]) Fischer 487. Fischer redet hier auch von Collegien, die er
in Wittenberg gehalten hätte; das ist aber wohl ein Irrtum für Jena,
da Gerhard in Wittenberg noch gar nicht gelesen hat. — Übrigens
müssen seine Leistungen in der Politik ziemlich schlimm gewesen sein
nach seinem eigenen Zeugnis (Fischer 381): „tumultuarisch und ohne
Urteil zusammengeflickt, da er sie eigentlich vorher nicht studirt, ja
nicht einmal einen Vortrag darüber gehört habe".
[4]) Tholuck, Ak. Leben I 50.
[5]) Hier ist nur noch die erst nach seiner Studienzeit an den

sophischen Kursus in seine beiden grossen Teile zerlegt, die Instrumentalphilosophie und die Realphilosophie, welche letztere in eine theoretische und praktische zerfällt. Das Objekt dieser Sphäre ist die Natur und die angeborenen Ideen I 93 ff. III 42. Die entsprechenden Geistesfunktionen, habitus intellectuales, werden ungleich unterschieden, bald als sapientia und prudentia II 4, bald als sinnliche Wahrnehmung und apriorisches Denken I 79 [1]). Mehr als auf diese schwierigen Fragen kommt es Gerhard freilich auf die Autoritäten an, welchen man bezüglich der Resultate zu folgen hat. An der Spitze steht hier der Meister aller Wissenschaft, der uralte Aristoteles, magnus ille in philosophia dictator XVIII 373, oder schlechtweg der philosophus, wie er ihn sehr häufig zitirt. Er ist allen Sekten bei weitem vorzuziehen. Unter den diesen Aristotelismus verarbeitenden Kompendien certus eligendus est auctor, quem lectione quotidiana sibi aliquis reddat familiarem. Illum prae reliquis perspicuum, nervosum, accuratum et fundamentalem esse oportere facile colligimus; und zwar kommt es hiebei vor allem an auf die Ansammlung von terminorum explicationes, utiles distinctiones et canones sub certis titulis redacta in guten Kollektaneenheften (Meth. 137), wie Gerhard selbst deren eine ganze Anzahl hinterlassen hat (Fischer 486 ff.). Eine solche Anweisung charakterisirt besser als alles andere dieses ganze philosophische Studium. Die zwei Kommentatoren, welche er selbst als die wichtigsten empfiehlt, sind Zabarella und Scaliger. Von dem ersteren, dem Begründer der Methodik, wird später die Rede sein; der letztere, der Vater des berühmten Philologen, erscheint als acutissimus nostri saeculi philosophus VII 96 und wird sehr häufig und stets als Autorität ersten Ranges zitirt. Buddeus sagt von seinen Exercitationes, dass sie viel enthielten, was der Naturkenntnis dient, und damals so geschätzt gewesen seien, dass niemand für philosophisch gebildet gegolten habe, der sie nicht gelesen hatte (Isag. 239). Sie dienten vor allem als Lehrbuch der Physik und kamen hier, wie die Vorrede des bekannten kaiser-

---

sächsischen Universitäten rezipirte Metaphysik genannt. Von ihr wird unten die Rede sein.

[1]) Eine genauere Schilderung der habitus intellectuales gibt Calixt in seiner 1609 zu Jena gehaltenen Disputation bei Henke I 120, auch Melanchthon im CR. XIII 166. Über das Verhältnis der nominalistisch-empiristischen und realistisch-aprioristischen Elemente wurde eine ziemlich lebhafte Kontroverse geführt, doch so, dass es sich immer nur um verschiedene Arten der Mischung beider handelt. Zu Grunde lagen hiebei nicht die scholastischen Theorien, sondern die aristotelischen Texte selbst. Hier kommen diese Differenzen nicht in Betracht.

lichen Leibarztes Crato von Crafftheim zu der ersten in
Deutschland gedruckten Ausgabe [1]) beweist, einem grossen
Bedürfnis entgegen, ausserdem empfahlen sie sich wohl durch
die aus Bosheit gegen Cardanus sehr kirchlich gehaltene Erkenntnislehre, ohne im übrigen an dem allgemeinen humanistisch-
peripatetischen Typus der Physik etwas Wesentliches zu ändern.
Der Höhepunkt des philosophischen Studiums war die schwierige
Lektüre der fontes Aristotelici selbst, die übrigens durch eine
grosse Litteratur aristotelischer Philologie, durch Kommentare
und Einleitungen [2]), sehr erleichtert war (Meth. 136). Auch
Plato und Cicero werden stark herangezogen, vor allem in
den Fragen der natürlichen Religion. Ausserdem hat Gerhard
noch eine ganze Anzahl anderer Autoren benützt und zitirt,
besonders häufig und mit besonderer Achtung die Humanisten
Erasmus und Ludwig Vives, daneben aber auch die zeitge-
nössischen protestantischen und katholischen Peripatetiker mit
ziemlicher Vollständigkeit, doch mit weit geringerem Nach-
druck [3]). Dieses alles zusammen, der Studiengang, die Schilderung und Aufzählung der Disziplinen und die von Gerhard
angeführte Litteratur geben ein hinreichendes Bild von dem
Umfang und Stoff der Vernunftsphäre und damit zugleich von
dem Material, das für den usus organicus in Anwendung kam.
Es ist noch übrig, von diesem d. h. also von der Wechselwirkung beider Sphären an den wichtigsten Beispielen eine
Anschauung zu geben. Bei aller Vorsicht, zu der Gerhard
dringend ermahnt (Meth. 98), ist sein Einfluss auf das Ganze
der Anschauung naturgemäss doch sehr gross, da er ganz im
Stillen und unter dem Titel biblischer Termini der Dogmatik
das Weltbild und die Anthropologie des „Aristotelismus" als
den Untergrund unterschiebt, auf dem sich die von ihr aufge-

---

[1]) Jul. Caes. Scaliger, Exotericae exercitationes de sublimitate
ad Cardanum, Frankfurt 1582. Weitere Ausgaben bei Buddeus. Ausser
diesem mehrfachen Druck bezeugt noch ein Schriftwechsel über denselben die Rolle, welche Sc. damals spielte. Vgl. Buddeus 238 ff.
[2]) Brucker IV 111. Paulsen 167.
[3]) Aristoteles ist circa 100mal zitirt, Plato 42, Cicero 79mal, viel
seltener Seneca, Boetius, Xenophon u. a., Erasmus 104, Vives 60mal,
ganz vereinzelt sind die Zitate aus den Zeitgenossen Cäsalpin,
Cardan, Suarez, Fonseca, J. Martini, Meisner, Goclenius, Alstedt u. a. Antike und Humanismus überwiegen. Dem Geist des
letzteren entspringen auch die vielen klassischen Prunkzitate, die wohl
nicht immer direkt aus der Quelle entnommen sind. — Die Angaben
sind nach den Indices der Frankfurt-Hamburger Ausgabe der Loci
(1597) gemacht, da der von G. H. Müller zu Cottas Ausgabe gelieferte
Index sehr dürftig ist. Die neue Bearbeitung desselben durch
Gust. Frank ist mir nicht zugänglich gewesen.

rollte comoedia divina [1]) der Welterlösung abspielt. Alles Sein
zerfällt in drei Teile: Gott, der keinen Anfang und kein Ende
hat, Engel und Menschen als creaturae rationales, welche einen
Anfang, aber kein Ende haben, und substantiae corporeae
physicae, die einen Anfang und ein Ende haben (XX 66 ff.).
Von diesen Teilen kommen hier jedoch nur die Menschen und
die physischen Substanzen in Betracht, welche zusammen das
totum systema universi coelestibus et elementaribus corporibus
constans (XX 42) ausmachen (XVIII 352). Dies ganze
System zerfällt in zwei Teile, die sublunarische Welt, welche
der Wohnplatz des Menschen ist, und die Sphären des
Himmels, welche diese Welt rund umgeben (XX 49). Erstere
besteht aus den verschiedenen Mischungen und Verdichtungen
der bekannten vier Elemente zu Körpern, wird durch das
Zusammenwirken von Form und Materie, Actus und Potenz
in ihrem Bestand und ihrer Entwickelung erhalten, ist dem
Menschen zu Liebe durch Differenzirung der generischen Ur-
bilder zu Arten und Individuen geschmückt, worunter Tiere
und Pflanzen als mit anima sensitiva und anima vegetativa
begabte Substanzen hervorragen, ohne aber dem Menschen
gegenüber mehr als die übrige Materie zu sein (XX 65 ff.
XVIII 336 ff. 352). Diese Welt der vier Elemente wird umgeben und zusammengehalten, „wie das Eidotter von Eiweiss
und Schale", von den Sphären des Himmels, die aus Äther
zusammengesetzt sind d. h. aus einem viel leichteren Stoff bestehen als die sublunarische Natur (XIX 260 XX 49). Der
Erde zunächst liegt die sphaera ignis, dann kommen die orbes
planetarum ac firmamentum seu primum mobile, dann das
coelum cristallinum und schliesslich das coelum empyraeum
(XIX 152); unter diesen Sphären hat nun freilich der
„Glaubensgehorsam" nach Gen. 1 die an sich gar nicht hinein-
passenden aquae ὑπουράνιοι noch unterzubringen (IV 17),
ferner ist um der ubiquitas carnis Christi willen zu bemerken,
dass Christi Himmelfahrt sich nicht durch all diese Sphären
hindurchbewegt hat (XIX 152). In der Planetensphäre ist
der wichtigste Körper natürlich die Sonne, welche die Erde
mit Tageslicht versorgt, und um deren kreisender Bewegung
willen die Rede von der mitternächtigen Wiederkunft Christi
nur bildlich verstanden werden darf, da ja stets nur eine
Hälfte der Erde Nacht hat (XX 32 XIX 244). Ob die
Himmelskörper lebende Intelligenzen sind, ist eine mit Sicherheit nicht zu entscheidende Frage (XIX 269), sicher hingegen
ist der influxus physicus, den die Gestirne auf die sublunarische

---

[1]) Diesen Vergleich gebraucht Gerhard selbst XX 59.

Welt ausüben, wobei nur die übrigen concausae, namentlich aber die moralische Verantwortlichkeit, nicht zu gering geschätzt, und besonders der Einfluss des Sterns der Weisen auf Christus nicht übertrieben werden dürfen (IV 17 ff.). Überhaupt ist die Bedeutung des Sphärensystems für die Elementarwelt die denkbar grösste. Von der Rotation der äussersten Himmelssphäre geht der Bewegungsanstoss aus (XX 57), der sich dann als Bewegung von der Potenz zum Actus jener mitteilt und sie durch die generatio in beständigem Fluss des Werdens hält (XX 2), um schliesslich auch die einzelnen Elemente und deren Kombination, somit auch die vier Temperamente des Menschen, zu beherrschen (XX 65 IV 18). Zugleich dienen alle sphärischen Phänomene, besonders die Eklipsen, sie mögen natürlich oder übernatürlich zu erklären sein, als fortwährende Kundgebungen des göttlichen Willens (XIX 267). Nur über die Dauer dieses Weltsystems hat der Heide Aristoteles sich schwer geirrt; das ist aber begreiflich und zu entschuldigen, da er von Sünde und Gnade nichts wusste (XX 30 XVIII 249 ff.).

Er konnte es nicht wissen, dass diese tota coeli terraeque machina (XX 19) nichts Dauerndes, nichts um seiner selbst willen Existirendes war, dass sie lediglich ein „vorübergehender Wohnsitz des zur Ewigkeit wandernden Menschen" ist, ein zeitweiliger Aufenthaltsort dieses einzigen ewig dauernden sublunarischen Geschöpfes (XX 24). Er hat die Ewigkeit der Welt gelehrt, weil er nichts wusste von der Ewigkeit des Menschen, der doch als ihr einziger Zweck und ihr wesentlicher Inhalt in ihrem Kerne sitzt. Um seinetwillen allein ist das ganze Weltsystem geschaffen (XX 24), und es dauert nicht länger, als bis die Zahl der Erwählten voll ist; es ist daher in der Sintflut nur mit Wasser d. h. teilweise zerstört worden, während es nach Erfüllung der Zahl mit Feuer d. h. gänzlich zerstört werden wird (XX 37). Der zur Ewigkeit bestimmte Mensch ist somit der eigentliche Inbegriff der Welt, μικρόκοσμος, epitome reliquarum creaturarum omnium (IV 239), das Abbild des μακρόκοσμος (IV 18), diejenige Kreatur, welche allein aus den sonst scharf getrennten Bestandteilen des Seins, der natura rationalis und der natura corporalis, zusammengesetzt ist (XVIII 369 ff.), die natura composita oder das totum compositum, dessen Leib aus den vier Elementen gebaut, vom humidum radicale und calor nativus zusammengehalten, mit anima vegetativa und sensitiva begabt ist, und dessen Seele als reine natura rationalis, als ewige Form und unvergängliche Entelechie, der Actus des Leibes ist und seinen Zusammenhang mit der Ewigkeit sowie seine Wirkungsfähigkeit auf das

Irdische vermittelt[1]). Die Teilung der Seele in die potentiae
voluntatis et intellectus, welche zusammen die der sensitiven
Seele angehörigen Affekte regieren, und die Wichtigkeit dieser
Teilung für alle Definitionen sind schon erwähnt (V 87). Die
Fortpflanzung findet durch traducianische Erzeugung eines
totum compositum aus dem andern statt, bis dereinst die Zahl
erfüllt ist (IV 283). So ist der Mensch das unerhörte Beispiel
einer ewigen, aus Geist und Materie gemischten, Substanz, der
einzige Fall, wo die Elemente an der Ewigkeit des Geistes
teilnehmen (IV 239).

Nur vorübergehend ist durch die Sünde eine Disharmonie
beider Bestandteile eingetreten, und ebenso vorübergehend ist
die Trennung beider im Tode. Die Wiedervereinigung tritt prinzipiell ein in der Wiedergeburt, der zweiten Schöpfung (II 342)[2]),
die zugleich die erste Auferstehung ist (XIX 69), und wird
vollendet in der Auferstehung des jüngsten Tages, die ja
nur eine Auferstehung des Fleisches ist. Dann findet die
Vertilgung der dem Leib inhärirenden Sündenpotenz, die Ver-
klärung des vom Leibe Christi genährten Körpers statt[3]), dann
vergeht die irdische Welt, welche jetzt „keinen Zweck mehr
hat" (XX 24), und ein neuer Himmel und eine neue Erde
treten an deren Stelle, ein Zustand übersinnlicher Seligkeit
im göttlichen Hausfrieden. So hat das ganze Weltdrama durch
creatio und instauratio hindurch (IV 4) sein ewiges Ziel erreicht.

Diese Beispiele mögen genügen, um den Umfang zu ver-
anschaulichen, in welchem die Realerklärung der Termini
coelum, terra, homo, anima, mens, voluntas etc. auf das Ganze
der orthodoxen Anschauung einwirkte, und zu erklären, wie
man mit solchem Magddienst die Aufgabe der Philosophie
gegenüber der Theologie hinreichend bezeichnet zu haben
glauben konnte. Was unter diesen Titeln zur Verwendung
kommt, ist im Wesentlichen das Weltbild der alten Formphilo-
sophie, welche zerstreute empirische Beobachtungen mit der

---

[1]) XVII 37 42 50 150 XVIII 28 369 ff. 373 ff. XIX 28 37.
[2]) Ein für Gerhard im Mittelpunkt stehender, stets wiederholter,
Gedanke IV 238 246 V 115 317 VI 12ᵇ XVII 47 XIX 5 und öfter,
an dem man wohl den Schüler Arndts erkennen darf. Denselben Sinn
hat die häufige Parallelisirung der Medizin und Theologie. Vgl. Meth. p. 5
und besonders die schöne Vorrede zu den Meditationen: Ita quoque
verus theologiae finis est spiritualis illa interioris hominis regeneratio,
quam ex aqua et spiritu fieri testatur veritas.
[3]) Diese an Theosophie erinnernden Wendungen sind durchaus
nicht vermieden; ersteres XVII 19, wo der Eintritt des Todes aus dem
Gift der Paradiesesfrucht erklärt ist wie der Schlaf aus den ins Gehirn
strömenden Magendämpfen, und XVII 70, wo peccati radix durch die
Weltverbrennung aus dem Körper entfernt wird; letzteres XVIII 335 343.

Annahme unzählbarer geheimnisvoll wirkender Wesenheiten
und hypostasirter Kräfte verbindet und daher leicht im Stande
ist, sich mit religiösen Welttheorien zu verflechten; sie weiss
noch nichts von dem, was die eigentlichste Errungenschaft der
modernen Wissenschaft ist, und was der modernen Theologie
die schwerste Mühe macht, von dem Begriff des Naturgesetzes
und dem naturgesetzlichen Weltbild. So konnte es gelingen,
völlig prinziplos auf angeblich rein exegetischem Weg die not-
wendige naturphilosophische Grundlage in das Erlösungsdrama
hinein zu interpretiren, die erstere zu korrigiren oder zu igno-
riren, wo es nötig war, und doch beide aufs innigste mit einander zu verschmelzen, sodass eines das andere voraussetzt.
Die Wechselwirkung beider Sphären stellt sich somit im letzten
Grunde als die lose und sprunghafte Konstruktion eines „geist-
leiblichen" Weltdramas dar, zu welcher der usus organicus
ganz unter der Hand geführt hat. Darin ist aber nicht etwa
ein tiefer Sinn der Wechselbeziehung zwischen Vernunft und
Offenbarung enthalten, sondern es ist die ganz natürliche und
unvermeidliche Folge jedes usus organicus oder formalen Ver-
nunftgebrauches. Für das Verhältnis selbst hat man sich
lediglich an die Intentionen der Dogmatiker zu halten, und diese
sind mit vollem Bewusstsein rein äusserlich und mechanisch, ja
ihr ganzer Sinn und Schwerpunkt liegt gerade in dieser
Äusserlichkeit. Sie wollten kein spekulatives Weltsystem entwickeln wie die grossen Scholastiker, sondern nur den Text
der heiligen Schrift erklären. Sachlich freilich ist dieser usus
organicus von einschneidender Bedeutung und stellt die orthodoxe Dogmatik in scharfen Gegensatz zu unserem modernen
Denken. In klassischer Weise ist dieser Gegensatz bereits von
Melanchthon ausgesprochen, der die geschilderte Physik durch
sein Lehrbuch auf den deutschen Schulen heimisch gemacht
und als Hilfsmittel für den usus organicus dargeboten hat.
Nachdem er nämlich hier seine Schilderung des Weltgebäudes
mit einem Lobpreis Gottes geschlossen hat, der die ungeheure
Schöpfung nur um der winzigen Erde und diese wiederum
nur um der wenigen Auserwählten willen geschaffen habe [1],
wendet er sich mit bitteren Vorwürfen gegen die Neuerungs-
sucht und Unfrömmigkeit derjenigen, welche die Erde aus
dieser Stellung im Zentrum der Welt entfernen und dadurch
die Annahme einer Mehrheit von Welten unabweisbar machen
d. h. gegen Kopernikus und damit gegen das moderne Weltbild. Schon aus der Philosophie folge für Verständige die
Ablehnung dieser ungeheuerlichen Meinung, ganz sicher aber

[1] CR XIII 215.

werde sie widerlegt durch ihre Unvereinbarkeit mit der Erlösungs-
lehre der Schrift und der Kirche: Sed nobis in ecclesia et facilius
et necessarium est asseverare, unicum esse mundum, quia coelestis
doctrina hunc mundum, in quo Deus se patefecit, in quo suam
doctrinam hominibus tradidit et in quo filium generi humano
immisit, conditum esse adfirmat. . . . Sciamus Deum nobiscum
tamquam civem hujus mundi esse, hujus mundi custodem et
servatorem esse . . non fingamus eum abesse in alio mundo
et alios homines curare. Adjungatur ergo . . et haec confir-
matio, quae valde firma est: Unus est filius Dei, Dominus
noster Jesus Christus, qui cum in hunc mundum prodiisset,
tantum semel mortuus est et resuscitatus. Nec alibi se ostendit
nec alibi mortuus est. Non igitur imaginandum est plures
esse mundos, quia nec imaginandum est saepius Christum
mortuum et resuscitatum esse nec cogitandum est in ullo
alio mundo sine cognitione filii Dei hominibus restitui vitam
aeternam [1]). Ganz dasselbe gilt auch für Gerhard und die
übrigen orthodoxen Theologen.

Damit dürfte die Prinzipienlehre, soweit sie das Verhältnis
zu den Realdisziplinen normirt, hinreichend entwickelt sein.
Die Analyse der einzelnen Sphären hat den Tatbestand be-
stätigt, der bei der Theorie als Ganzem zu Tage trat, dass es
sich nämlich um den Versuch einer qualitativen Scheidung
der Vernunft- und Offenbarungssphäre handelt, wobei aber die
Grenzen nach der theoretischen Seite durch autoritative Macht-
sprüche festgestellt werden müssen.

---

[1]) CR. XIII 220.